W9-BAV-580

Е. А. ОСОКИНА

кандидат исторических наук

ИЕРАРХИЯ ПОТРЕБЛЕНИЯ

О ЖИЗНИ ЛЮДЕЙ В УСЛОВИЯХ СТАЛИНСКОГО

СНАБЖЕНИЯ

1928 - 1935 гг.

Москва

Издательство МГОУ

1993

ББК 63.3(2)716
  О 72

Осокина Е.А. Иерархия потребления. О жизни людей в условиях сталинского снабжения. 1928-1935 гг.
М.: Изд-во МГОУ . 1993.
ISBN 5-7045-0392-6

  Настоящее издание посвящено изучению реального положения, жизни людей в условиях карточной системы 1928/29 – 1935 гг. Книга написана на основе уникальных, ранее закрытых архивных материалах Наркомата снабжения. Автор стремится раскрыть истинную природу Советского государства 30-х гг., трагические и далеко идущие последствия изменения экономического курса и утверждения сталинизма. В центре исследования находятся не столько политэкономические аспекты проблемы, сколько процессы деформации жизни людей, их быта, труда, психологии в условиях распределительной системы. Одна из целей исследования – показать особую роль снабжения в механизме управления обществом, а также в карательной политике Сталина. Книга позволяет освободиться от многих мифов, господствующих в наших представлениях об обществе 30-х гг.

  Книга предназначена для всех, кто интересуется полной драматизма историей 30-х годов. Печатается в авторской редакции.

  0503020500
О --------------------- без объявления   ББК 63.3(2)716
  098(02)-93
  ISBN 5-7045-0392-6   © Елена Александровна
                                          Осокина, 1993

Подписано в печать 22.03.93. Формат 60x84.
Бумага типографская. Печать офсетная.
Усл.-печ.л. 8,37. Уч.-изд.-л. 9,05. Тираж 1000 экз.
Заказ № 564. С 60
Издательство Московского государственного открытого
университета
129805. Москва, ул. Павла Корчагина, д.22. корп.2

Типография Минстанкопрома
г. Щербинка

НЭП – ПОЗАДИ. ЧТО ДАЛЬШЕ?

Рубеж 20–30-х годов – переломный период нашей истории. Главная стратегическая цель, казалось бы, не изменилась: провозглашены грандиозные планы построения социализма. Однако тактика социалистического строительства кардинально меняется. Нэп, проводившийся с 1921 г., основанный на сочетании государственного регулирования и рынка при известном допущении капиталистических элементов, целенаправленно "свертывается". Ставка делается на жесткий централизованный планово-бюрократический механизм, бестоварную, безрыночную экономику, тотальное обобществление. Речь идет об отмирании денег, переходе к прямому продуктообмену, распределенчеству. В связи с этим введение карточного снабжения представляется новой ступенью на пути к социализму.

Данное исследование посвящено выявлению причин упрочения планово-распределительной системы в торговле, анализу принципов и целей распределительной политики первой половины 30-х годов, ее кратковременных и далеко идущих последствий, а также изучению реального положения общества и армии в условиях карточного снабжения.

Однако централизованное нормированное распределение было лишь одним из элементов планово-бюрократической экономики, господство которой устанавливалось на рубеже 20–30-х годов. Поэтому целесообразно взглянуть на проблему упрочения планово-распределительной системы в торговле более широко, в контексте изменения общего экономического курса государства – отхода от нэпа и установления господства командно-административной системы. В соответствии с этим цель введения – дать представление о достижениях и противоречиях современной историографии по проблемам определения характера и целей нэпа, причин изменения экономической политики в конце 20-х годов, а также выяснения истоков административной системы и причин ее упрочения. Хочется подчеркнуть, что здесь не ставится задача всесторонне осветить проблемы нэпа и командно-административной системы. Основная цель – показать рубеж 20–30-х годов как время выбора варианта экономического и политического развития, как время поражения нэповской альтернативы и установления господства планово-бюрократической экономики, элементом которой и было централизованное нормированное распределение товаров и ресурсов.

Определение характера и целей нэпа, последствий его ликвидации зависит от того, как исследователь понимает социализм. Для сталинской историографии с ее представлениями о социализме как безрыночной экономике с безраздельным господством государственной собственности на средства производства, всесилии планирования и тотальности обобществления нэп представлялся временным отступлением от идеалов социалистической революции в целях восстановления народного хозяйства и укрепления союза рабочего класса и крестьянства. Поэтому успехи нэпа связывались с развитием и укреплением социуклада, а также с использованием и вытеснением несоциалистических укладов, в первую очередь частнокапиталистического. Главная цель нэпа виделась в построении ·теоретически "чистого" социализма, в усилении воздействия государства на хозяйственные процессы, в повышении роли планирования.

Многие тезисы сталинской историографии продолжала развивать традиционная советская историография. Главные ее достижения состоят в изучении успехов нэпа в деле восстановления экономики и выхода из кризиса начала 20-х годов[1]. Наиболее слабое и идеологизированное место советской историографии – это заключительный этап нэпа. Он трактовался как наступление социализма по всему фронту с победоносным осуществлением индустриализации, коллективизации, культурной революции, национального строительства и пр. Нэп хронологически продлился до середины 30-х годов. Принятие сталинской конституции знаменовало завершение этапа построения основ социализма. Вопрос о причинах и методах свертывания нэпа, о последствиях изменения экономической политики вообще не стоял. Справедливости ради следует сказать, что многие историки, чьи работы вошли в фонд традиционной советской историографии, в последних трудах и выступлениях пересматривают или углубляют свои взгляды на нэп.

Пересмотр теоретических представлений о социализме, отказ от идеи "чистого социализма" и признание допустимости товарно-денежных, рыночных отношений, частной собственности при социализме вели к изменению и углублению взглядов на нэп и

---

1. См. работы Ю. Ларина, С. Г. Струмилина, Э. Б. Генкиной, Ю. А. Полякова, И. В. Берхина, Л. Ф. Морозова, В. П. Дмитренко и др.

последствия его ликвидации[2]. Современная историография видит причины перехода к нэпу не столько в кризисе и разрухе начала 20-х гг. (это только катализировало переход к нэпу), сколько в объективном характере законов экономического и социального развития, которые требуют своего и пробивают себе дорогу, несмотря и' вопреки умозрительным теоретическим построениям. Теоретическая модель социализма, которую пытались воплотить в жизнь, вела к социально-экономическим кризисам, выход из которых осуществлялся с помощью экономических реформ, противоречащих модели "чистого социализма". Нэп 20-х годов, "неонэп" 1932 г., отмена карточной системы в середине 30-х гг., экономические реформы 60-х, да и сама перестройка 80-х гг. были не чем иным, как корректировкой экономической политики, которая была необходима в силу противоречий между воплощаемыми в жизнь теоретическими представлениями о социализме и требованиями объективных законов экономического развития. Реформы были в определенной мере признанием действия экономических законов, их объективного характера. К сожалению, речь шла только о корректировке, а не об отказе и коренном пересмотре теоретических представлений и проводимой политики.

В связи с изменением теоретических представлений о социализме нэп начинает видеться не как отход, а как путь к социализму. Не свертывание, а совершенствование нэпа (поиск оптимального соотношения государственного регулирования и рынка, разрешение многих противоречий нэпа экономическими методами и пр.) открывало путь к построению социалистического общества. В этой связи делается вывод, что нэп не исчерпал себя и именно дальнейшее его развитие позволило бы более эффективно провести все необходимые преобразования (индустриализация, переоснащение и подъем сельского хозяйства, развитие демократических форм правления и пр.). Это позволило бы реализовать и основной лозунг социализма: повышение

---

2. Современная научная литература по изучению нэпа, последствий его ликвидации и развитию советского общества в 30-е годы чрезвычайно обширна, хотя представлена пока главным образом статьями. Число монографических исследований невелико, но их появление еще впереди. Перечень научных трудов по указанным проблемам занял бы несколько страниц. Подробную библиографию см.: От нэпа к административно-командной системе: (Историография проблемы). Аналитический обзор / АН СССР ИНИОН. М., 1991. С. 43–46. Особое значение для написания этой книги имели исследования по социально-экономическим проблемам 20–30-х годов Ю. П. Бокарева, В. П. Данилова, В. П. Дмитренко, В. З. Дробижева, М. А. Свищева, Н. С. Симонова, А. К. Соколова, В. С. Лельчука и др.

материального благосостояния общества и более полное удовлетворение потребностей человека. Ликвидация же нэпа привела к построению деформированного социализма. Следует сказать, что часть исследователей считают, что нэп был обречен (изначально или в результате своего развития), дальнейшей альтернативы его развития не существовало, деформация общества была неизбежной.

Есть и другая точка зрения, в соответствии с которой идея социализма вообще является утопией, принципиальной разницы между экономикой современного капитализма и истинного социализма не существует. Речь идет лишь о различных вариантах соотношения государственного регулирования и рынка при сосуществовании различных форм собственности. К одному из таких вариантов и должно было привести развитие нэпа. Приверженцы этого взгляда исходят из признания всеобщности и объективности законов экономического развития. Таким образом, сами понятия ”капитализм” и ”социализм” становятся условными.

Во всех спорах о нэпе и перспективах развития (равно как и в определении характера командно-административной системы) отправным пунктом и камнем преткновения являются представления авторов о социализме. Все зависит от того, считают ли социализм утопией или реальностью и что вкладывается в это понятие ”социализм”. В целом же следует констатировать отсутствие научно обоснованной теоретической модели социализма, что помимо всего прочего затрудняет определение типа экономики и характера общества, утвердившегося в 30-е годы.

Как известно, развитие нэпа было прервано, на практике эта альтернатива не реализовалась. В чем причины поражения нэпа и установления господства плановой централизованной экономики, частью которой и было нормированное распределение товаров и ресурсов. По этим вопросам в современной историографии развернулась дискуссия. Хотя, как представляется, большинство высказанных точек зрения не противоречит, а дополняет друг друга. Просто каждый выбирает свой ракурс: социально-экономическое развитие, политические процессы и внутрипартийная борьба, идеология. Необходим синтез воззрений и речь должна идти о комплексе причин, приведших к концу нэпа и утверждению командно-административной системы.

Истоки процесса коренятся в характере преобразований Октября (хотя некоторые ищут их в предшествующих временах: в тех принципах, на которых строилась РСДРП, а также в незавершенности российского капитализма и незрелости материальных предпосылок социализма). Форсированная национализация средств производства вела к формированию обширного госсектора и бюрократического аппарата. Искусственное ускорение этого процесса определяло примат административных методов управления над экономическими, а следовательно, и бюрократизацию экономики и государственного управления. В результате этих реформ госсектор и аппарат заняли командные высоты в экономике. Процессы обобществления, централизации, усиления командно-приказных методов хозяйствования особенно активизировались в годы гражданской войны.

Разруха и кризис потребовали введения нэпа, то есть учета интересов различных слоев общества и объективных требований экономического развития. Однако нэп не оформился как целостная концепция и не был прочно закреплен. В экономике он занял те ниши, где влияние госсектора было слабым (сельское хозяйство, мелкая и кустарная промышленность, розничная торговля, местный транспорт). Ведущая позиция госсектора в ключевых отраслях экономики не была поколеблена. В руках государства оставалась мощная система финансового и административного контроля. Нэп не был подкреплен и глубокими политическими реформами. (В отличие от большевиков у меньшевиков и эсеров сходные идеи смешанной экономики дополнялись необходимым условием создания правового демократического государства). Нэп не был закреплен и идейно: теоретические представления о социализме не изменились, нэп им противоречил, поэтому в сознании лидеров он был обречен. Имел значение и социально-психологический фактор: недовольство различных слоев общества нэпом, готовность поддержать отказ от него. Сыграл немалую роль и субъективный фактор: позиция руководства страны, государственного аппарата, формировавшегося в условиях "военного коммунизма" и идейно принимавшего его; ход внутрипартийной борьбы и победа Сталина, приведшие к единовластию, ликвидации внутрипартийной демократии. Все это было причинами слабости нэпа, отсутствия у него прочной основы, а следовательно, и причинами его быстрой ликвидации.

Таким образом, в 20-е годы сосуществовало две системы отношений: "план" (госсектор и аппарат, имевшие достаточно прочные экономические, политические, идейные позиции) и элементы рынка. В целом их взаимоотношения характеризуются неустойчивостью. Имея командные высоты, государство определяло способ хозяйствования. Его ошибки в планировании, кредитной, ценовой политике, денежном обращении, связанные с тенденцией усиления директивных методов управления, вели к углублению противоречий и диспропорций, к возникновению экономических кризисов. В условиях ликвидации разрухи и незавершенности внутрипартийной борьбы лидеры были вынуждены искать выходы из кризисов на путях экономических компромиссов, хотя наряду с этим никогда не отказывались и от административных рычагов. Однако по мере подъема народного хозяйства, установления единовластия Сталина ставка была сделана на силовые методы управления, более простые формы контроля и управления, как казалось, быстро приносящие результаты.

Главным источником обострения диспропорций в 20-е годы, ускоривших ликвидацию нэпа и переход к административной системе, стала форсированная индустриализация, связанная с централизованным перераспределением средств. Планы промышленного развития, темпы индустриализации пришли в противоречие с реальными возможностями страны. Государство не располагало ресурсами для быстрого равноценного развития всех отраслей народного хозяйства. Форсируя индустриализацию, оно неизбежно ущемляло интересы других отраслей экономики, в первую очередь сельского хозяйства. А это вызывало протест и сопротивление крестьянства. Рост капиталовложений в промышленность при низких объемах промышленного производства и его нерентабельности, директивное назначение цен, самоубийственная финансовая политика (постоянная эмиссия, кредитование, при котором неплательщикам не угрожало банкротство и пр.), хищнические государственные заготовки – все это вело к обострению дефицита и инфляции, а следовательно, к утверждению нормированного централизованного распределения товаров.

В итоге проведения форсированной индустриализации экономика была разбалансирована. Во второй половине 20-х гг. существующие диспропорции обострились, система экономических отношений была выведена из шаткого и неустойчивого равновесия. Особенно вопиющими были диспропорции в соотношении цен на промышленные товары и заготовительных цен на сельскохозяйственную продукцию, розничных и рыночных цен на товары, в соотношении денежной массы.

и товаров в обращении[3]. Ценовые диспропорции стали одной из основных причин нежелания крестьян сдавать хлеб государству, что привело к кризису хлебозаготовок 1927/28 и последующего годов. Сопротивление крестьянства, отстаивающего свои интересы хозяина и собственника, еще более обострило существующие противоречия, продовольственный дефицит, вызвало рост инфляции. Следствием глубокого продовольственного и товарного голода стало введение карточного снабжения[4].

Диспропорции углублялись, а экономические рычаги управления экономикой не действовали: цены, прибыль, стоимость, кредит утратили значение регуляторов производства, финансовая политика ограничивалась фискальными функциями, печатанием и распределением денежных знаков в соответствии с потребностями хозяйственных ведомств. Для ликвидация существующих диспропорций, восстановления механизмов управления экономикой требовалась сложная терпеливая компетентная политика, связанная с компромиссами, пересмотром планов экономического развития и снижением темпов индустриализации. Но Сталин и его окружение не отказались от планов первой пятилетки, более того, она была принята в своем оптимальном варианте. В условиях существования грандиозных, но нереальных планов развития, при утрате дееспособности экономических рычагов управления государство действовало силой и диктатом. Во всех сферах народного хозяйства шли дальнейшая централизация, тотальное обобществление (в том числе

---

3. Более подробно об углублении ценовых диспропорций, росте инфляции и обострении товарного дефицита в конце 20-х годов см.: Осокина Е. А. СССР в конце 20-х – первой половине 30-х годов. Торговля? – Распределение! // Отечественная история. 1992. N 5.

4. Цены и продовольственное снабжение были тем оселком, на котором спотыкалось не одно правительство. Так, в условиях первой мировой войны и разрыва экономических связей царское правительство в России ввело регулируемые цены на хлеб, что вызвало конфликт между правительством и производителями продовольствия, сделало закупку хлеба труднодоступной, а это в свою очередь обострило дефицит и привело к срывам хлебного снабжения. Попытка регулировать продовольственное снабжение стала причиной введения летом 1916 г. карточек на продовольствие. Временное правительство тоже оказалось в "продовольственном водовороте". В конце августа 1917 г. оно установило фиксированные цены на зерно, что привело к краху продовольственного снабжения, дестабилизации цен, росту инфляции. Это во многом подорвало позиции Временного правительства и укрепило позиции большевиков. История не раз показывала, что идти вопреки интересам производителя – не безопасно для власти. Подробнее об этом см.: Lars T. Lih. Bread and authority in Russia: 1914–1921. Berkeley: University of California Press. 1990.

насильственная коллективизация, уничтожение частного предпринимательства), что уменьшало число очагов сопротивления государственной политике и облегчало командование и управление.

Политика антинэпа имела довольно широкую социальную поддержку в обществе, без чего она была бы просто невозможна. (Таким образом, пересматривается один из постулатов западной "тоталитарной школы", согласно которому политика Сталина не имела поддержки снизу, общество управлялось исключительно с помощью террора и принуждения). Отказ от нэпа поддержали слои городского населения, недовольные отсутствием правовых гарантий, краткосрочностью аренды, налогами на частный сектор. Политика Сталина в деревне была поддержана обедневшими слоями и частью среднего крестьянства, жаждущих "перераспределения богатств" и социальной справедливости. Сталина поддержала и партийно-государственная бюрократия[5]. Существует точка зрения, согласно которой политику антинэпа поддерживали молодые квалифицированные рабочие, которые занимали промежуточное положение между старыми потомственными рабочими и молодыми – выходцами из деревни. При нэпе они подвергались определенной дискриминации, теперь, стремясь улучшить свое положение и сделать карьеру, поддерживали высокие темпы индустриализации[6].

Таким образом, стремление в наикратчайшие сроки и любыми средствами осуществить индустриализацию, а также как можно быстрее устранить диспропорции и кризисы, вызванные этим курсом, неизбежно вело к ликвидации нэпа и утверждению господства командно-административных методов управления экономикой. Курс на форсированную индустриализацию, приведший к обострению продовольственного дефицита и инфляции, был причиной упрочения централизованного нормированного распределения товаров и ресурсов. Можно сказать, что карточная система была неизбежным следствием изменения экономического курса в конце 20-х годов. Взяв курс на форсированную индустриализацию, правительство неизбежно должно было прийти к введению карточек.

---

5. См. отчеты о конференции "Нэп – идеи, практика, уроки", опубликованные в журналах: Вопросы истории КПСС. 1991. N 6; История СССР. 1992. N 1.

6. См.: Хироаки Куромия. Сталинская индустриальная революция. Политика и рабочие. 1928 – 1932. Кембридж. 1988. Аннотация на книгу опубликована: История СССР. 1991. N 5. С. 207–211.

Государство (а затем и советская историография) объясняло и оправдывало политику форсированной индустриализации необходимостью в кратчайший срок любыми средствами преодолеть отсталость России и подготовиться к войне. Однако стал ли СССР индустриальной державой? Современные исследования ставят под сомнение индустриальный характер СССР. "Подхлестывание" фактически сорвало курс на ускоренную индустриализацию. Под сомнение ставится и реальность военной угрозы для СССР в начале 30-х годов. Идея о "военной угрозе" работала на подхлестывание индустриализации, была нужна для укрепления сталинского внутриполитического курса. В целом же следует сказать, что при определенных положительных сдвигах (рост промышленного потенциала, численности рабочего класса, урбанизации) разрыв между СССР и странами Запада преодолен не был. Накануне войны деревня, едва вернувшаяся к показателям доколхозного производства, вносила в национальный доход государства больше, чем индустрия. Цена же промышленного скачка была очень высока: разорение деревни, снижение уровня жизни населения, репрессии. Отрицательные следствия форсированной индустриализации нивелировали успехи, а возможно, и превышали их[7].

Политика, проводимая в конце 20-х – 30-е гг. (отход от нэпа, форсированная индустриализация, коллективизация и пр.), по замыслу творцов должна была привести к построению социалистического общества. Что же реально было построено? В оценке природы сталинского государства современная историография не пришла к единому мнению. Одни считают, что произошел возврат к временам "военного коммунизма". Другие пишут о становлении административно-командной системы репрессивного типа, деспотически казарменном социализме, авторитарно-административной системе, диктатуре бюрократии в террористических формах и пр. Большинство авторов считает его деформированным социализмом. Любое из этих определений достаточно условно и уязвимо. Гораздо важнее выделить наиболее характерные черты, свойственные природе этого общества. Его основными чертами были: централизация управления экономикой и всем обществом, тотальное обобществление и огосударствление,

---

7. См.: Нежинский Л. Н. Была ли военная угроза СССР в конце 20-х – начале 30-х гг.? // История СССР. 1990. N 6; Лельчук В. С. 1926 – 1940 годы: завершенная индустриализация или промышленный рывок?// История СССР. 1990. N 4.

директивное и всеобъемлющее планирование, недейственность экономических рычагов управления (цена, кредит, зарплата, материальные стимулы), вследствие этого – гипертрофированное развитие администрирования и приказа, формирование громоздкого аппарата управления и мощного слоя государственно-партийной бюрократии, стоящей у власти. Период сталинского правления отличался широким использованием репрессивных методов воздействия.

Важнейшим ключевым элементом планово-бюрократической экономики является централизованное плановое распределение товаров и ресурсов. Причем большую часть истории советского общества централизованное снабжение имело характер карточного нормированного распределения[8]. И это, конечно, не случайно, что карточки и нормы сопровождают всю советскую историю. Нормированное централизованное распределение является неизбежным следствием высокого товарного дефицита, который усугубляется потребностью перераспределять средства в соответствии с приоритетами экономической политики.

Хотя совершенных экономических систем с нулевым дефицитом не существует, планово-бюрократической экономике свойственны высокие показатели и хронический характер дефицита. По мнению весьма авторитетных экономистов, этот тип экономики неизбежно воспроизводит дефицит[9]. Рожденный в сфере производства, а точнее, в сфере управления экономикой, дефицит усугубляется в сфере розничной торговли и потребления наличием "карточек", различных категорий снабжения, льгот и пр. Не являясь проявлением кризиса экономической системы и следствием отдельных просчетов, дефицит представляет нормальное состояние планово-бюрократической экономики. Он вполне совместим с ее деятельностью и ростом[10]. Следовательно, столь же неизбежным и нормальным для этого типа экономики является существование нормированного централизованного распределения товаров и ресурсов, так как оно порождается дефицитом.

---

8. Не говоря уже о периоде "военного коммунизма" и гражданской войны, карточки и пайки вошли в историю 30-х и 40-х гг. Да и нэп не был свободен от нормированного централизованного распределения. В годы "застоя" при относительном благополучии центров глубинка никогда не забывала о карточках и нормах. В условиях нормированного карточного снабжения советские люди жили до недавнего времени.

9. См.: Корнаи Я. Дефицит. М., 1991. В книге дан анализ действия механизмов, которые воспроизводят высокий хронический дефицит в командно-административной экономике.

10. См.: Корнаи Я. Дефицит. С.153.

В связи со сказанным рубеж 20–30-х гг. приобретает особое значение. Именно тогда был сделан решительный шаг от торговли к тотальному распределению. Установление господства централизованного нормированного распределения было одним из элементов утверждения командно-административной системы. Как и в других отраслях хозяйства, в торговле шли процессы жесткой централизации, установления директивного планирования, бюрократизации, снижения материальных стимулов к труду, потери экономических рычагов управления, разбухания управленческого аппарата, формировались и определенные стереотипы в психологии людей. Решающим периодом в утверждении господства централизованного нормированного распределения была карточная система 1928/29 – 1935 гг.

Карточная система является тем уникальным средством, к которому прибегали многие правительства в критические периоды истории, сопровождающиеся острым товарным дефицитом и инфляцией (войны, революции, кризисы). Однако принципы и цели нормированного централизованного распределения в разных государствах отличались. В конечном итоге они определялись характером самого государства, направлением его внутренней и внешней политики, степенью монополии государства в сфере снабжения и пр. Карточная система, существовавшая в СССР в период 1928/29–1935 гг., как в зеркале отразила характер и специфику первого социалистического государства, его истинную природу, реальные приоритеты его социальной и экономической политики.

Карточное нормированное распределение в первой половине 30-х гг. проходило в условиях полной монополии государства на производственно-экономические ресурсы и товарные фонды. Эта монополия была достигнута в результате насильственной коллективизации, а также ликвидации частного предпринимательства. Монополия и централизация государства были неизбежным следствием и необходимым условием осуществления политики перераспределения средств, частью которой было карточное снабжение.

Достигнув монополии, государство могло диктовать обществу свою социальную и экономическую политику. Распоряжаясь всеми товарными ресурсами, оно ”навязало” обществу и свою политику иерархического снабжения. Власть не только предписывала образ жизни и образ мыслей, она определяла для каждого человека в зависимости от его социальной принадлежности, что и сколько ему есть, что одевать, сколько платить за это и какими способами получать пищу и одежду. Каждый человек в глазах государства имел свою цену и ощущал это. Снабжение в первой половине 30-х гг. было реальным проявлением и орудием осуществления власти социалистического государства над обществом. Существование карточной системы в мирные 1928—1935 гг. дает уникальную возможность исследовать природу сталинской власти на "физиологическом" уровне, проследить, как с помощью хлеба насущного государство проникало во все поры общества.

Эта книга посвящена изучению реального положения страны, жизни людей в условиях сталинского снабжения. Одна из целей книги — показать, как отразилось изменение экономического курса и установление монополии государства на уровне жизни различных слоев общества. Книга написана на уникальных, ранее закрытых архивных материалах Наркомата снабжения. Как ни далеки от нас сталинские 30-е годы, но мы живем в том обществе (и пытаемся изменить его), которое формировалось в то время. Чтобы найти правильные пути развития и не повторять совершенных ошибок, важно понять, почему эта система утвердилась, как развивалась, какие политические, экономические и социально-психологические последствия имела. При этом важны не столько политэкономические аспекты проблемы, сколько процессы деформации жизни людей, их быта, труда, психологии в условиях распределительной сталинской политики.

Книга стремится показать истинную природу Советского государства 30-х гг., трагические и далеко идущие последствия изменения экономического курса и утверждения командно-административной системы. Взяв на себя обязательства снабжения, уничтожив практически все альтернативные способы обеспечения населения товарами и продовольствием, справилось ли сталинское руководство с этой задачей и кто несет ответственность за голод в 30-е годы? Одна из целей исследования — показать особую роль снабжения в механизме управления обществом, в механизме реализации власти, а также в карательной политике Сталина. Книга позволяет освободиться от многих мифов, господствующих в наших представлениях об обществе 30-х гг.

Глава I
"ЛОПАЙ, ЧТО ДАЮТ": ГОРОД В УСЛОВИЯХ НОРМИРОВАННОГО РАСПРЕДЕЛЕНИЯ

В условиях острого дефицита ресурсов государство неизбежно должно было расставить приоритеты в снабжении. В соответствии с проводимым курсом на ускоренную индустриализацию, а также определением Советского государства как государства диктатуры пролетариата привилегированным классом в снабжении был объявлен пролетариат. Таким образом, карточная система была не только следствием политики форсированной индустриализации, но и одним из средств ее осуществления. Важнейшими целями карточного снабжения, оправдывавшими его введение, были необходимость приоритетного и стабильного снабжения городов и населения, занятого в промышленном производстве. Пресса того времени и вся последующая советская историография широко рекламировали привилегии рабочих, представляя их именно тем слоем общества, для которого в период индустриализации были созданы лучшие условия жизни и труда. Так ли это? Какой была реальная жизнь городского населения в первой половине 30-х годов?

Отпуск населению хлеба по карточкам был начат с городов хлеборобной богатой Украины – Одесса, затем Мариуполь, Херсон, Киев, Днепропетровск... К началу 1929 г. карточная система была введена во всех городах СССР. В Москве это произошло в последнюю очередь, фактически в марте 1929 г. Начавшись с хлеба, нормированное распределение было распространено и на другие дефицитные продукты (сахар, мясо, масло, чай и пр.), а к середине 1931 г. – и на промышленные товары. В 1932 – 1933 гг.были введены даже карточки на картофель. Место торговли заняло отоваривание по "заборным документам" и ордерам через закрытые распределители (ЗР), закрытые рабочие кооперативы (ЗРК), отделы рабочего снабжения (ОРС).

На каких принципах строилась система нормированного централизованного распределения товаров? В начальный период карточного распределения (до декабря 1930 г.) единообразной классификации населения, принятого на централизованное снабжение, не было. Нормы снабжения вводились разновременно и отличались друг от друга. Общим моментом было то, что карточки выдавались через

15

потребкооперацию и преимущества давались ее пайщикам. "Заборные документы" не получали только лица, лишенные избирательных прав. Каждая область имела свою форму и порядок выдачи карточек. (В Москве это были семейные книжки).

Однако в условиях продовольственного кризиса установленные на местах нормы снабжения не выполнялись. В хаосе и разнобое, которые царили в этот период, власти старались гарантировать в первую очередь снабжение индустриальных центров: появились постановления о снабжении Москвы. Ленинграда, Донбасса[1]. При определении групп и норм снабжения первоначально решающую роль сыграл идеологический и экономический момент – ставка на "класс–гегемон". Было установлено 4 группы снабжения (табл.1): рабочие–пайщики потребительской кооперации (I), рабочие, не являющиеся пайщиками (II), прочие трудящиеся – пайщики (служащие, члены семей рабочих и служащих, кустари, лица свободных профессий) (III), прочие трудящиеся – не пайщики (IY). Помимо принципа первоочередного пролетарского снабжения (в начальный период, правда, "загрязненного" членством в кооперации), другими принципами карточного распределения стали преодоление хаоса через унификацию норм и групп снабжения, а также все более глубокая дифференциация потребления различных слоев общества.

В первых постановлениях средние душевые нормы снабжения определялись. на основе бюджетных данных о потреблении за предыдущий год. Для рабочих нормы потребления на 1929/30 г. (табл. 1) были установлены несколько выше их фактического потребления в 1928/29 году. Поскольку бюджетные данные учитывали не только покупки в государственной торговле, но и у частника, карточные нормы были рассчитаны так, чтобы компенсировать рабочим потерю этого источника снабжения. Для снабжения остальных трудящихся в 1929/30 г. нормы были установлены ниже их фактического потребления в 1928/29 г.[2]

1. Российский государственный архив экономики (далее везде РГАЭ) – бывший Центральный государственный архив народного хозяйства СССР (ЦГАНХ СССР), ф. 8043, оп. 11, д. 2, л. 224, д. 26, л. 249, д. 113а, л. 225.

2. РГАЭ, ф. 8043, оп. 11, д. 113в, л. 228.

Нормы снабжения Москвы и Ленинграда, установленные в 1929/30 г. (в кг на 1 чел.)*

Продукты	Нормы по категориям потребителей				
	I	II	III	IY	дети
Хлеб	0,8	0,8	0,4	0,4	-
Крупа	3	2	1,5	0,75	-
Мясо	0,2	0,2	0,1	0,1	-
Сельдь	0,8	0,8	0,5	0,25	-
Масло животн.	0,6	0,5	0,5	0,3	0,4
Масло раст.	0,75	0,5	0,5	0,25	-
Сахар	1,5	1,5	1,5	1	0,5
Чай	0,05	0,05	0,05	0,025	-
Яйца (шт.)	10	10	10	-	20

* По хлебу и мясу – дневные, остальные – месячные нормы. Составлено по: РГАЭ, ф. 8043, оп. 11, д. 26, л. 249.

Власть как будто исходила из идеальных (в рамках официального курса) посылок. Однако практика снабжения в 1929/30 г. показала, что правительство было не в состоянии выдержать установленный ассортимент и нормы снабжения населения. Политсводка Секретариата СНК СССР по приему заявлений и жалоб свидетельствует о том, что продовольственные трудности (наряду с хлебозаготовками и единым сельхозналогом) были основными причинами недовольства населения. Окружкомы, торготделы подтверждали, что дело обстоит очень скверно: недоброкачественная продукция, низкие нормы, пайки выдаются с опозданием, нет четкости в определении категорий снабжения. Пришедшие за пайками люди слышали ответ: ”Не ходите и ноги не обивайте. Хлеба нет для местного снабжения. Кто где хочет, пусть там и берет”[3]. Реальное положение со снабжением на местах описано в письме мобилизованных на работу в Сибирь : в магазинах, кроме селедки, свежей рыбы, сахара и чая, ничего не было. Особенно их

3. РГАЭ, ф. 8043, оп. 11, д. 26, л. 230–239.

поразило отсутствие хлеба в хлебозаготовительном районе: хлеб выдавался только служащим с низким заработком (до 40 руб. в мес.), остальные покупали его на рынке. Как горько было ими замечено: "Рыбак на воде сидит и пить просит"[4].

Вместе с установлением государственной монополии в снабжении произошел эффект, по поводу которого так недоумевали местные власти в Москве: "Был частник – была колбаса, взял столовую район – в 8 раз меньше стали получать продуктов". На самом деле результат был вполне закономерным. Ведь наиболее прочные позиции частный сектор занимал именно в торговле. В середине 20-х годов частник контролировал более половины розничной торговли, в которой было сосредоточено более 60% всех финансовых ресурсов частного сектора. Через частную торговлю проходила половина промышленной продукции массового потребления и 75% продуктов питания, поступавших в города. Но особенно важную роль частная торговля играла в снабжении сельского населения. Частник забирался в самые глухие уголки, где не было магазинов, быстрее приспосабливался к рыночной конъюнктуре. Мелкие предприятия в торговле были более рентабельны из-за низкого технического уровня торговли, ее сезонного характера и пр. За очень короткий срок благодаря развитию частного предпринимательства в торговле удалось наладить снабжение города и деревни наиболее необходимыми товарами. Частная торговля, выполняя особые функции в экономике, входила в качестве одного из элементов в систему экономических связей. Она влияла на ценовую, заготовительную, сбытовую политику государства. Насильственная ликвидация частного сектора в торговле (осуществленная главным образом с помощью финансового пресса) привела к разрыву установившихся экономических связей, что не могло не вызвать кризисных явлений. Взятие на себя функций, выполняемых частными предприятиями, потребовало от государства дополнительных вложений в эти сферы и переориентации производства, в результате чего возросли издержки и ухудшилось снабжение[5]. Ликвидация частной торговли, да и всего частного сектора в экономике не вызывалась экономической потребностью и целесообразностью. Напротив, они были

---

4. РГАЭ, ф. 8043, оп. 11, д. 11, л. 114.

5. См.: Свищев М. А. Опыт нэпа и развитие мелкого производства на современном этапе // История СССР. 1989. N1. С. 11–15.

жизненно необходимы. В данном случае сталинское руководство шло против объективных требований экономического развития.

Став монополистом в снабжении, государство не справлялось даже с обеспечением рабочего класса. Материалы Наркомснаба свидетельствуют о том, что осенью 1929 г. в связи со срывами планов поставок ухудшилось положение рабочих в Крыму и Сибири[6]. Вследствие снижения норм и отсутствия продуктов (даже на рынке) наблюдались массовые заболевания цынгой у рабочих в Карелии[7]. В протоколах заседания Секретариата Казахского крайкома также говорится об ухудшении снабжения рабочих весной 1930 г.[8] Секретарь Средне–Волжского краевого комитета М. Хатаевич в своем письме в ЦК (осень 1930 г.) пишет о трудностях с хлебоснабжением, о практически полном отсутствии снабжения мясом и жирами. Он восклицает: "Нельзя оставлять служащего в Самаре, Оренбурге, всегда привыкшего есть хлеб досыта, на норме в 3/4 фунта в день. На базаре пшеничная мука – 18–20 руб. пуд. Хотя бы хлебом обеспечить"[9]. Тогда же тревожные сообщения о тяжелом положении с продовольствием и голодных массовках поступали из Закавказья и Средней Азии, с Украины[10]. В мае нарком снабжения Микоян получил служебную записку из Киева. Вот ее содержание: "Мяса не выдаем по карточкам никому вот уже вторую неделю, рыбы к нам не завозят, картофель на исходе... свободных запасов муки и зерна для снабжения Киева осталось на 4–5 дней... настроение рабочих повышенное"[11]. Киевские власти просили о бесперебойном снабжении хотя бы хлебом. Даже в привилегированных индустриальных центрах установленные нормы снабжения не выполнялись, хотя в постановлениях партии и правительства они рассматривались как минимальные. Поэтому на второе полугодие 1929/30 г. нормы снабжения, установленные для Москвы и Ленинграда, были снижены[12].

Стало ясно, что равное снабжение рабочих невозможно. Кроме того, хаос на местах требовал унификации всего городского распределения. Правительство стало составлять списки городов, а

6. РГАЭ, ф. 8043, оп. 11, д. 11, л. 114, д. 15, л. 237.
7. РГАЭ, ф. 8043, оп. 11, д. 16, л. 36.
8. РГАЭ, ф. 8043, оп. 11, д. 17, л. 213.
9. РГАЭ, ф. 8043, оп. 11, д. 17, л. 70.
10. РГАЭ, ф. 8043, оп. 11, д. 17, л. 216, 183.
11. РГАЭ, ф. 8043, оп. 11, д. 17, л. 208.
12. РГАЭ, ф. 8043, оп. 11, д. 7, л. 92.

точнее, списки предприятий, все более дифференцируя снабжение. По сути дела, власти признали, что могут гарантировать только снабжение "рабочего авангарда", занятого в решающих отраслях крупной промышленности. Доктринальное начало карточной системы стало уступать место вынужденному рационализму. В конце 1930 г. решением ЦК ВКП (б) было установлено сначало два, а с 1931 г. четыре списка городов, подлежащих централизованному снабжению[13]. Начался новый этап карточного распределения.

Право преимущественного и первоочередного снабжения по карточкам имели рабочие особого и первого списков, в которые вошли ведущие индустриальные объекты (предприятия Москвы, Ленинграда, Баку, Донбасса, Караганды, Восточной Сибири, Дальнего Востока, Урала). Рабочие второго и третьего списков (предприятия стекло-форфоровой, спичечной, писчебумажной промышленности, коммунального хозяйства, хлебные заводы, мелкие предприятия текстильной промышленности, артели, типографии и пр.) покупали только часть товаров по карточкам. Они обеспечивались централизованным снабжением по хлебу, сахару, крупе, рыбе, остальное – за счет местных ресурсов. В 1931 г. удельный вес особого и первого списков городов в общем контингенте составил около 40 %, в составе же централизованных фондов снабжения – 70–80%[14].

Дальнейшая дифференциация снабжения была связана с январским 1931 г. постановлением коллегии Наркомснаба. В соответствии с ним все трудящееся городское население было разделено на группы по классово-производственному признаку[15]. В первую группу снабжения входили рабочие, которые в свою очередь делились на индустриальных и прочих. К индустриальным, помимо рабочих фабрично-заводских предприятий, а также рабочих транспорта и связи, были отнесены: инженерно-технический персонал на производстве, комполитсостав Красной Армии и Флота, войск ОГПУ, строевой состав милиции, оперативные работники УГРО, ученики и преподаватели школ ФЗУ. К прочим рабочим, кроме незанятых в промышленном производстве, относились кустари, учащиеся и преподаватели индустриальных вузов и техникумов. Вторую социальную группу

---

13. РГАЭ, ф. 8043, оп. 11, д. 7, л. 16.
14. См.: Экономика советской торговли. М., 1934. С. 250.
15. РГАЭ, ф. 8043, оп. 11, д. 5, л. 93–103.

снабжения составили служащие, а также члены семей рабочих и служащих, лица свободных профессий. Третью группу – дети до 14 лет.

В 1931 г. появились первые постановления о снабжении интеллигенции, в частности врачей и учителей. Они устанавливали, что снабжение этих групп населения должно зависеть от того, где они проживают и кто пользуется их услугами. В городах врачи и учителя должны были получать нормы индустриальных рабочих того списка, к которому относился данный город. Медицинские работники, учителя школ, обслуживающие предприятия, должны были пользоваться льготами этих предприятий[16].

Централизованное карточное снабжение не распространялось на лиц, лишенных избирательных прав, и на незанятых "общественно-полезным трудом". К ним были отнесены арендаторы, владельцы контор, бюро, частные маклеры, торговцы, а также те, кто лишь год назад сменил "нетрудовое занятие" на трудовое. Для этих семей было разрешено выдавать продуктовые карточки только детям.

Таким образом, острый товарный голод привел к складыванию глубоко дифференцированной иерархической системы снабжения городского населения (4 списка городов по несколько социальных групп в каждом). Были установлены единая форма и порядок выдачи карточек. От потребкооперации право выдачи карточек перешло в 1931 г. к исполкомам. Одновременно с определением новой численности контингентов централизованного снабжения были установлены новые нормы снабжения на 1931 год (см. табл. 2).

Сравнение таблиц 1 и 2 показывает, что нормы снабжения в 1931 году были понижены. Наиболее высокие нормы снабжения, установленные в 1931 г. для индустриальных рабочих особого списка, были на уровне средних норм 1929/30 г. Особенно ухудшилось снабжение рабочих и остального населения городов второго и третьего списков. Все это свидетельствует о том, что при переходе к карточному распределению правительство переоценило свои возможности в снабжении населения и недооценило степень продовольственного кризиса, который был результатом его политики. Приведенные данные показывают, что государство было не в состоянии обеспечить нормы, установленные в конце 1929 г. Оно было вынуждено неуклонно снижать их, все более дифференцируя потребление. Более высокие нормы снабжения индустриальных рабочих и относительная их

---

16. РГАЭ, ф. 8043, оп. 11, д. 6, л. 20.

стабильность достигались путем сокращения снабжения рабочих второстепенных производств и остального населения. Особенно тяжелым на всем протяжении карточного снабжения было положение с мясом, жирами и молочными продуктами[17].

Снижение норм централизованного снабжения было констатацией все ухудшающегося продовольственного положения в стране. Принимаемые решения оставались на бумаге, постановления не гарантировали улучшения или хотя бы стабилизации обстановки. Власти не контролировали и не владели ситуацией, они приспосабливались к ней. Реальное положение с городским снабжением оставалось тяжелым. Так, проверка рабочего снабжения и общественного питания на заводах "Красное Сормово" и "Судоверфь" Нижегородского края летом 1931 г. показала невыполнение планов и норм снабжения, антисанитарные условия, низкие нормы и плохое качество общественного питания[18]. Докладная записка Восточно-Сибирского краевого комитета ВКП (б) также свидетельствует о нетерпимых условиях с продовольственным и промтоварным снабжением края: план городского снабжения был выполнен всего на 40%, сельского – на 24%[19]. О бегстве рабочих Турксиба по причине плохого снабжения говорится в записке Казахского крайкома ВКП (б)[20].

---

17. Это были последствия массового убоя скота, предпринятого крестьянством в ответ на насильственную коллективизацию. Вледствие резкого сокращения поголовья заготовки в 30-е годы шли с большими трудностями, часто за счет рабочего, молочного, племенного скота, а также молодняка. Причем 30–35 % заготовленного мяса в 1930 г. съедали Москва и промышленные центры области (РГАЭ, ф. 8043, оп. 1, д. 4, л. 84). В течение всего периода карточного снабжения правительству приходилось не только уменьшать норму мяса, но и регламентировать количество мясных дней в месяц (для разных слоев общества их число отличалось). Вначале обеспечение мясных норм индустриальных рабочих шло за счет снижения норм по второму и третьему спискам, но в конечном итоге снижение затронуло и особый список. Так, норма мяса индустриальных рабочих в 1930 г. составляла 4,4 кг в мес. В 1932 г. она составила уже 2 кг (в 1930/31 г. эта была норма рабочих третьего списка). В 1930 г. в Донбассе служащие и члены семей имели норму 2 кг мяса в мес. В 1932/33 г. это стало нормой индустриальных рабочих Донбасса (только подземные рабочие имели норму 3 кг). Наиболее высокие мясные нормы в 1933 г. имели работающие в экстремальных условиях, например на путине (4 кг), сибирских трактах (5 кг), торфоразработках и в золотоплатиновой промышленности (7 кг). На производстве высшие нормы были не только у рабочих вредных цехов, начальника завода, его замов, главного инженера, но и у секретаря ячейки ВКП (б) и председателя завкома.

18. РГАЭ, ф. 8043, оп. 1, д. 9, л. 98.

19. РГАЭ, ф. 8043, оп. 11, д. 26, л. 39, д. 42, л. 136–145.

20. РГАЭ, ф. 8043, оп. 11, д. 26, л. 41.

Нормы снабжения на 1931 г. (в кг на 1 чел.)*

Продукты	Особый список			I список			II список			III список		
	1	2	3	1	2	3	1	2	3	1	2	3
Хлеб	0,8	0,4	0,4	0,8	0,4	0,4	0,8	0,4	0,4	0,75	0,35	0,35
Мука	1	1	0,5	1	-	0,5	-	-	-	-	-	-
Крупа	3	1,5	1,5	2,5	1,5	1,5	1,5	0,85	0,85	1	0,5	0,5
Мясо	4,4	2,2	2,2	2,6	1,3	1,3	1	1	1	-	-	-
Рыба	2,5	2	2	2	1,4	1,4	2	1	1	-	-	-
Масло	0,4	-	0,4	0,2	-	0,2	-	-	-	-	-	-
Сахар	1,5	1,5	1,5	1,5	1,5	1,5	1	1	1	0,8	0,8	0,8
Чай	0,3	0,3	0,3	0,25	0,25	0,25	0,1	0,05	0,05	0,1	0,05	0,05
Яйца	10шт	-		10шт	-		-	-	-	-	-	-

* По хлебу - дневные, по чаю - годовые, остальные - месячные нормы. Для подземных рабочих, рабочих горячих цехов, новостроек, грузчиков дневная норма хлеба устанавливалась в 1 кг. Для подземных рабочих Донбасса и торфяников месячная норма мяса была 5 кг, масла - 1 кг. По каждому списку приведены нормы для рабочих (1), для служащих и членов семей рабочих и служащих (2), для детей (3). Прочерк в таблице означает отсутствие твердых норм централизованного снабжения. Составлено по: РГАЭ, ф. 8043, оп.1, д. 2, л. 238.

В 1932 г. нормы снабжения были еще более понижены (см. табл. 3). Менее всего "пострадали" рабочие особого списка: вместо 2,5 кг рыбы в месяц им было "назначено" 2 кг. Но большой смелостью для правительства было обещать им установленную в 1931 г. норму мяса. Обещание сдержать не удалось. В конце 1932 г. месячная норма мяса для индустриальных рабочих была снижена с 4,4 до 2 кг[21]. В большей степени пострадали рабочие первого списка, для которых были снижены нормы мяса (до 2 кг) и рыбы (до 1,4 кг). Но особенно сильно снижение норм коснулось населения городов второго и третьего списков. Для рабочих второго списка норма мяса упала до 400 г в месяц. Фактически их положение сравнялось с положением рабочих

21. РГАЭ, ф. 8043, оп. 1, д. 57, л. 326–329.

третьего списка, которым по централизованному снабжению не полагалось ни мяса, ни рыбы. Для рабочих второго и третьего списков была снижена также и норма крупы (1 и 0,5 кг). Неизменными оставались только нормы по хлебу и сахару. Катастрофическим было положение остального населения – служащих и детей. Постановление было признанием того, что государство не гарантирует им даже прожиточный минимум (за исключением городов особого списка).

Таблица 3

Нормы снабжения на 1 квартал 1932 г. (в кг на 1 чел.)*

Продукты	Особый список			I список			II список			III список		
	1	2	3	1	2	3	1	2	3	1	2	3
Хлеб	0,8	0,4	0,4	0,8	0,4	0,4	0,8	0,4	0,4	0,75	0,35	0,35
Крупа	3	1,5	1,5	2,5	1,5	1,5	1,0	0,5	0,5	0,5	0,5	0,5
Мясо	4,4	2,2	2,0	2,0	0,4	0,4	0,4	-	-	-	-	-
Рыба	2,0	0,4	0,4	1,4	-	-	-	-	-	-	-	-
Масло	-	-	0,25	-	-	0,15	-	-	-	-	-	-
Сахар	1,5	1,5	1,5	1,5	1,5	1,5	1	1	1	0,8	0,8	0,8

* По хлебу - нормы дневные, остальные - месячные. По каждому списку приведены нормы для рабочих (1), для служащих и членов семей рабочих и служащих (2), для детей (3). Подземным рабочим, рабочим горячих цехов дополнительно полагалось 200 г хлеба в день и 1 кг сала в мес., угольщикам - 1 кг муки, 200 г растительного масла в мес. Для подземных рабочих месячная норма мяса была 5 кг. Составлено по: РГАЭ, ф. 8043, оп. 1, д. 15, л. 3.

В стране нарастал голод. Один из выступавших на съезде директоров ГОРТа (Государственное объединение розничной торговли) так описывал поистине катастрофическое положение с продовольствием в Ростове в 1932 г.: "В продуктовых магазинах – хоть шаром покатись. Я нигде такой пустоты не видел, как в Ростове, я просто ужаснулся. Мне напомнил Ростов самые тяжелые годы нашей жизни, когда мы раскулачивали, конфисковывали, забирали у кулака в 1919 году... В некоторых коммерческих магазинах есть кондитерские изделия, есть вино, но продуктов питания, ни зелени, ни картошки, ни луку, не говоря уже о какой-нибудь дичи или ветчине, в коммерческих магазинах ничего нет... Ведь люди в отчаянии – тот же рабочий и обыватель"[22].

Поездка Микояна весной 1932 г. в Мурманск показала, что положение в Ростове не было исключением. В отчетном выступлении он возмущался: "В магазинах очень плохо. Их (магазинов) мало. Торговать не торгуют, а ждут фондов. Причем на месте рыбы не давали совершенно. Если в Мурманске рыбы не давать! Ведь все-таки кое-что ловят!" Показательно, что при этом власти готовились отправить партию свежей трески в Гамбург на аукцион. Как определил цель этой отправки сам Микоян – похвалиться. (Решение об отправке рыбы в Гамбург он отменил)[23].

Не справляясь со снабжением, правительство пыталось еще более дифференцировать нормы. Появилось постановление Совнаркома о разных нормах снабжения для рабочих, пользующихся и не пользующихся общественным питанием[24]. Оно вызвало такой хаос в снабжении, что было отменено. Однако нормы снабжения вновь были снижены.

В феврале 1932 г. на имя Орджоникидзе пришло письмо из Донбасса[25]. В нем говорилось, что в связи с утверждением заниженных контингентов сложилось тяжелое положение со снабжением рабочих. Местные власти, выискивая средства, ввели норму на семейность. Для строителей она равнялась 0,2 (на 10 работающих строителей обеспечивались продовольствием всего только 2 человека из общего

---

22. РГАЭ, ф. 8043, оп. 1, д. 71, л. 13.

23. РГАЭ, ф. 8043, оп. 1, д. 37, л. 48. Поездка показала ужасающие условия труда и быта моряков. Притом, что траловый флот увеличился в 2 раза по сравнению с предыдущим 1931 г., рыбы наловили только 30% от уровня прошлого года: большинство кораблей находилось в ремонте. Производственные постройки и инвентарь были в негодном состоянии. Так, литейная представляла собой сарай, построенный еще англичанами во время оккупации в годы гражданской войны. С жильем дело обстояло плохо. ("Даже водку пить негде"). Досуг – убогий. В библиотеку присылали детские книги и "для материнства". А кинопленки: то начало есть, конца нет, то наоборот. Одно занятие – пьянство. По словам самих жителей: "Берем водку, напиваемся на улице, потом ловит милиция." Пили зверски, с поножовщиной. В день, когда выдавали водку, было 60–70 раненых. Да и с водкой творились безобразия. Ее продавали раз в десять дней. Весь город становился в очередь. На продаже водки наживались китайцы ("Мурманский Шанхай"). Едва ли не единственное, что смогла сделать приехавшая из Москвы комиссия, это – разобраться в "водочном вопросе", то есть наладить продажу водки.

24. РГАЭ, ф. 8043, оп. 11, д. 44, л. 130, 182.

25. РГАЭ, ф. 8043, оп. 11, д. 56, л. 51.

числа членов их семей), для угольщиков 1,1 (соответственно обеспечивалось 11 членов семей на 10 работающих), для остальных специалистов коэффициент составил 0,5 (соответственно снабжались 5 человек на 10 семей). В результате значительное число членов семей было снято с централизованного довольствия[26]. Кроме того было отказано в снабжении семьям погибших шахтеров и переброшенных на работу в Караганду. В результате этих действий в Донбассе прошли демонстрации детей под лозунгами "Хлеба!", разгромы лавок и изъятия хлеба из пекарни. Местные власти боялись, что сведения просочатся через письма в Караганду и вызовут волнения и там.

Телеграммы о тяжелом положении, болезнях и бегстве рабочих с производства приходили в 1932 г. из Калмыкии, Иркутска, Свердловска, с Балхаша[27]. Сведения о плохом снабжении шли из Северного края, с Сахалина, Дальнего Востока, Восточной Сибири, Средней и Нижней Волги[28]. Материалы из Удмуртии свидетельствуют об озлобленности и уходе рабочих с предприятий[29]. По сведениям из Башкирии, "разрыв" контингентов, принятых на централизованное снабжение, и фактических составлял 139 тыс. чел. При таких условиях население третьего списка не снабжалось вообще, по второму списку обеспечивалось частично[30]. В июле 1932 г. Ивановский обком, исходя из выделенных фондов, установил следующие нормы продовольственного снабжения: для рабочих первого и особого списков – по 1 кг крупы; 0,5 кг мяса; 1,5 кг рыбы; 0,8 кг сахара (в мес.). Прочее население и рабочие предприятий второго и третьего списков получали только сахар[31]. Таким образом, фактические нормы были существенно ниже указанных в постановлениях (см. табл. 3).

---

26. Введение норм на семейность не было чем-то исключительным. Местные власти постоянно прибегали к этой мере. В 1931 г. для горняков Кузбасса норма составляла 0,75 при фактической численности членов семей 1–1,85. Иными словами, на 100 горняков обеспечивалось 75 членов их семей при фактической численности 100–185 человек. Значит, около половины членов семей не обеспечивалось централизованным снабжением. Таким образом, постановления о снабжении иждивенцев на практике не выполнялись (РГАЭ, ф. 8043, оп. 1, д. 25, л. 29).

27. РГАЭ, ф. 8043, оп. 11, д. 58, л. 92; д. 59, л. 13, 24, 51.

28. РГАЭ, ф. 8043, оп. 11, д. 56, л. 62, 66, 68; д. 57, л. 107, 215; д. 58, л. 79; д. 59, л. 89. Так, ежедневная потребность в снабжении Дальне-Восточного края составляла 45 вагонов, поступало же только 3–5. На Нижней Волге выделенные пайки удовлетворяли только 25% рабочих.

29. РГАЭ, ф. 8043, оп. 11, д. 57, л. 285.

30. РГАЭ, ф. 8043, оп. 11, д. 58, л. 53–55.

31. РГАЭ, ф. 8043, оп. 11, д. 57, л. 326.

Из приведенных примеров ясно видно, что обеспечение норм индустриальных рабочих шло за счет сокращения норм рабочих предприятий легкой, стекольной, кожевенной промышленности. Плохим было снабжение учителей, врачей, студентов[32]. Им не гарантировался даже хлебный паек. Конечно, среди интеллигенции была своя элита, которая питалась хорошо, но большая часть интеллигенции жила впроголодь[33]. По сведениям с мест, в большинстве районов крупа и сахар выдавались учителям и врачам нерегулярно: 2–3 раза в течение года по 400–500 г. Из 140 тыс. городских учителей в порядке централизованного снабжения мясом обеспечивались только 26 тыс. Установленная для них норма была 1–2 кг в мес.[34].

Даже снабжение ведущих индустриальных центров шло с большими трудностями. В записке Молотову, подготовленной ЦСУ по данным бюджетов рабочих крупной промышленности, отмечалось, что в 1932 г. по главным промышленным районам резко снизилось потребление основных продуктов питания – мяса, рыбы, молока, масла. Выполнялась только норма хлеба[35].

В 1932 г. большая часть населения влачила полуголодное существование. С зимы 1932/33 г. разразился массовый голод. Основные жертвы пришлись на долю крестьянства, но в значительной степени пострадал и город. При этом под давлением острого товарного дефицита правительство уменьшило планы снабжения, исходя из

---

32. Так, в Азербайджане в 1933 г. дневная норма хлеба для школьников была 100 г в Баку; 50–75 г – в других городах (РГАЭ, ф. 8043, оп. 11, д. 90, л. 1). Нормы снабжения студенчества зависели от профиля вуза и города, в котором этот вуз располагался. По сведениям со Средней Волги студенты городов второго списка получали в 1932 г. по 800 г хлеба в день (РГАЭ, ф. 8043, оп. 11, д. 57, л. 215). В 1933 г. положение ухудшилось. По сообщениям из Днепропетровской области, в городах студенты получали 300–350 г хлеба в день, в сельских местностях в большинстве случаев вообще не обеспечивались (РГАЭ, ф. 8043, оп. 11, д.88, л. 175). Но и в столице жизнь студента была нелегкой. Обследование общежитий Института народного хозяйства им. Г.В. Плеханова показало, что многие студенты вообще не имеют одеял, простынь, наволочек, нательного белья. Комиссия констатировала, что положение ухудшается (РГАЭ, ф. 8043, оп. 11, д. 51, л. 85).

33. Относительно хорошим было снабжение ученых 1 категории в Москве. В голодном 1933 г. им полагалось (в мес.): 3 кг муки, 1 кг крупы, 6 кг рыбных товаров, 2 кг мяса, 3 кг сахара, 1,5 кг масла животного, 700 г сыра, 7 кг овощей и фруктов, 10 яиц, 200 г растительного масла, 400 г маргарина, 100 г чая, а также 1 л молока в день (РГАЭ, ф. 8043, оп. 11, д. 89, л. 130).

34. РГАЭ, ф. 8043, оп. 11, д. 108, л. 23; оп. 9, д. 6, л. 9.

35. РГАЭ, ф. 1562, оп. 329, д. 62, л. 97.

результатов паспортизации[36]. Нормы снабжения вновь были понижены. Так, для подземных рабочих Донбасса, бурильщиков Азнефти (т.е. наиболее "привилегированных", с точки зрения официальной идеологии, групп рабочих) они составили (кг в мес.): по крупе – 2,4; мясу – 3; рыбе – 2; сахару – 1,2; растительному и животному маслу – по 0,4. Причем в постановлениях с выполнением этих норм связывалось улучшение снабжения, которое на практике было хуже[37].

Не удивительно, что в 1933 г. жалобы на перебои в снабжении, даже хлебом, шли потоком из Северного края, Западной, Ленинградской, Московской, Ивановской областей, Донбасса, Горьковского края, с Дальнего Востока[38]. Сведения о тяжелом продовольственном положении поступали также из Забайкалья: "Рыба, крупа, жиры совершенно отсутствуют, есть ограниченные запасы муки и мяса"[39]. По сведениям из Днепропетровска, из-за срывов планов завоза выдавали только крупу, рыбу, немного мяса. Исключительно тяжелое положение сложилось со снабжением по второму и третьему спискам: люди получали только по 200–400 г хлеба[40].

Трудности в снабжении продолжались вплоть до отмены карточной системы[41]. Приведем некоторые материалы за 1934 г. В письме из Крымского обкома говорится о тяжелом положении с мясом: при потребности 880 т область имела только 10 т. Плохое положение с мясом было и в Днепропетровске. Письмо из Киргизского обкома свидетельствует о том, что хлебное снабжение выполнялось только на 45–50%. Летом и осенью 1934 г. жалобы на плохое снабжение шли из городов Западной обл., а также Саратова, Орска[42].

Голод 1932–1933 гг. привел к ухудшению демографической ситуации в городах СССР. По данным Центрального управления народно-хозяйственного учета (ЦУНХУ), в 1933 г. был отрицательный естественный прирост населения, т.е. число умерших превысило число

---

36. РГАЭ, ф. 8043, оп. 11, д. 60, л. 69.
37. РГАЭ, ф. 8043, оп. 11, д. 84, л. 2.
38. РГАЭ, ф. 8043, оп. 11, д. 108, л. 24; д. 89, л. 140, д. 116, л. 23.
39. РГАЭ, ф. 8043, оп. 11, д. 76, л. 154.
40. РГАЭ, ф. 8043, оп. 11, д. 88, л. 175.
41. Решение об отмене карточной системы вынес октябрьский 1934 г. пленум ЦК. Как следствие этого решения в декабре 1934 г. появилось постановление, которое отменяло с 1 января 1935 г. карточки на хлеб. В сентябре 1935 г. вышло постановление, отменявшее с 1 октября 1935 г. карточки на мясо, сахар, жиры, картофель.
42. РГАЭ, ф. 8043, оп. 11, д. 111, л. 19; д. 117, л. 88, 93; д. 118, л. 7, 2, 134; д. 119, л. 25, 89.

родившихся. Эта разница составила для страны 1 млн. 315,2 тыс. человек. Для городского населения отрицательный естественный прирост был равен 374,6 тыс. Наибольшие потери понесли РСФСР и Украина (отрицательный естественный прирост населения соответственно составил 261 тыс. и 116,6 тыс.)[43].

Интересно, что убыль городского населения в СССР была практически повсеместной (положительный прирост имели только Московская, Ленинградская обл., Белоруссия и Закавказье) и в отличии от сельского населения относительно равномерной. Анализ данных показывает, что главная причина убыли городского населения – снижение рождаемости. Так, в 1931 г. в городах РСФСР родилось 620,6 тыс. чел., в 1932 – 711,3 тыс., а в 1933 – всего 445 тыс. чел. На Украине соответственно – 151,6, 167 и 110,1 тыс.[44] По масштабам убыли городского населения выделяются Нижняя и Средняя Волга, Северный Кавказ, Черноземный Центр, Крым, Урал. Более высокие показатели убыли городского населения – не просто следствие снижения рождаемости, но и прямой рост числа погибших в результате голода, охватившего эти регионы. Это – данные о естественном "приросте" (он показывает разницу между числом рождений и смертей). Если же проанализировать абсолютные показатели, то откроются более страшные размеры потерь. По отчетным данным, показатели смертности в городах составили[45]:

	1931 г.	1932 г.	1933 г.	1934 г.
РСФСР (чел.)	472 037	577 537	635 478	580 610
УССР (чел.)	101 926	141 018	250 773	128 279

Таким образом, в 1933 г. общее число умерших в городах РСФСР и на Украине – республиках, испытавших тяготы голода, было выше, чем в более благополучные предшествующий и последующий годы.

---

43. РГАЭ, ф. 1562, оп. 20, д. 26, 30, 52; оп. 329, д. 16. Методика определения прироста населения, которой оперировали в ЦУНХУ, позволяет считать менее искаженными сведения по Европейской части РСФСР, Украине, Белоруссии, городскому населению Закавказья и Средней Азии. Подробнее о потерях населения см.: Осокина Е.А. Жертвы голода 1933 года: Сколько их? (Анализ демографической статистики ЦГАНХ СССР)// История СССР. 1991. N 5.

44. РГАЭ, ф. 1562, оп. 329, д. 107.

45. РГАЭ, ф. 1562, оп. 329, д. 49, 107. За 1931, 1932, 1934 годы приведены годовые отчетные данные ЦУНХУ, за 1933 г. – конъюнктурные данные.

Причина такого положения – голод в городах. При этом приведенные данные безусловно занижены. Так, по справке Киевской медицинской инспектуры, в 1933 г. число умерших, подобранных трупным покоем г. Киева, составило 9472. При этом зарегистрирована была только 3991 смерть[46].

Где же искать причины голодной катастрофы? Почему правительство при всем напряжении ресурсов не справлялось со снабжением городов? Состояние снабжения определялось положением в промышленности и сельском хозяйстве. В 1930–1933 гг. советская экономика переживала глубокий кризис. Причиной, приведшей к кризису, были нереальные планы промышленного развития, форсированное перераспределение средств. Резкий рост капиталовложений в промышленность, государственный контроль над оптовыми и розничными ценами, ликвидация частного сектора вели к обострению дефицита и инфляции. Сельское хозяйство находилось в состоянии упадка в результате насильственной коллективизации, которая также преследовала цель обеспечения потребностей тяжелой индустрии. Развал в аграрном секторе был причиной обострения продовольственного дефицита в стране. Положение усугублялось относительно быстрым ростом денежных доходов населения, а также просчетами во внешней торговле[47]. Таким образом, голод, царивший в стране, был закономерным результатом политики, проводимой сталинским руководством на рубеже 20–30-х гг.

Кризисное состояние экономики заставляло правительство пересматривать избранный курс, проводить частичные экономические реформы. Попытки реформ, отход от доктринальных представлений о социализме предпринимались и в 1930 г., и 1931 г. (кредитная реформа, хозрасчет и финансовый контроль и пр.) Интересно в этой связи привести постановление ЦК ВКП (б) от 10 июля 1931 г. Оно было посвящено работе технического персонала на предприятиях и улучшению бытовых условий инженерно-технических работников.

---

46. РГАЭ, ф. 1562, оп. 329, д. 107.

47. Приведем данные на второй квартал 1932 г. В то время как фонд зарплаты вырос по сравнению с первым кварталом на 20%, а денежные доходы сельского населения на 30%, товарооборот увеличился не более чем на 12%. При этом контингенты централизованного снабжения увеличивались исключительно быстро: за 1931 г. почти на 30%. Следствием этого было обострение товарного дефицита, а значит, снижение фондов централизованного снабжения и норм (РГАЭ, ф. 8043, оп.1, д. 75, л. 39; ф. 1562, оп. 329, д. 62, л. 137).

Постановление приравнивало ИТР на предприятиях к индустриальным рабочим по вопросам социального обеспечения. Но, кроме этого, в постановлении говорилось о том, что необходимо запретить органам милиции, УГРО и прокуратуры вмешиваться в производственную жизнь завода без специального разрешения дирекции, а также запретить парторганизациям отменять, задерживать и исправлять оперативные распоряжения дирекции завода. Было признано нецелесообразным существование официальных представительств ОГПУ на предприятиях. Предлагалось пересмотреть дела осужденных и не припятствовать их назначению после реабилитации на руководящие должности[48].

Но кризис продолжался. Провал этих реформ был неизбежен. Нереальные планы развития требовали для своего выполнения давления на хозяйственные звенья, безжалостных заготовок и продолжения коллективизации. Стремление во что бы то ни стало наращивать промышленное производство и капиталовложения вело к нарушению стабильности денежного курса, хозрасчета, требовало все новой эмиссии. Все это воспроизводило кризисную ситуацию. Кризис вел к усилению репрессивного характера системы.

Обострение экономического кризиса в 1932–1933 гг., массовый голод вновь потребовали экономических реформ. Не случайно период зимы – лета 1932 г. многие исследователи называют неонэпом. К числу принятых мер можно отнести переход к более реалистичному планированию, сокращение планов сельскохозяйственных заготовок, развитие колхозного рынка, попытки стабилизировать рубль, ввести хозрасчет, преодолеть уравниловку и обезличку. Главная цель, которая преследовалась при этом, – поднять производство, ослабить дефицит и продовольственный кризис в стране. Все это дополнялось мерами репрессивного характера (законы об охране социалистической собственности, укреплении трудовой дисциплины, паспортизация и т.д.). На всем протяжении 30-х гг. наряду с укреплением командно-административной системы власть была вынуждена искать и использовать экономические "подпорки". Это позволяло достичь некоторой стабилизации в экономике.

В сфере снабжения населения также был осуществлен ряд мероприятий. Помимо проведения специальных совещаний, контрольных проверок, создания инспекций, оперативных пятерок, которые

---

48. РГАЭ, ф. 8043, оп.1, д. 42, л. 146.

следили за отгрузками, заготовками, складами, осуществлялись и экономические меры. К ним можно отнести развитие децентрализованных форм снабжения, коммерческой торговли, расширение рыночных фондов товаров. Увы, главным средством увеличения рыночных фондов был не рост производительности труда, а сокращение внерыночного потребления (фонды спецодежды, снабжения армии, сокращение экспорта)[49]. Особое место в системе мер занимала борьба с воровством[50].

Правительство пыталось также стимулировать развитие общественного питания[51]. Как обычно, создавались эталоны для подражания. В качестве передового опыта рекламировалось развитие общественного питания на заводе Электропровод (бывший Рускабель). Каганович в одном из докладов даже говорил об особом "электропроводном периоде" в развитии общественного питания. Рабочие смогли привести столовую из "помойной ямы" в приличный вид. Что же было сделано? Для ликвидации очередей устроили две двери ("раньше по 50 минут стояли в очередях, обливая свои кислотные руки щами"), поставили дополнительные столы, ввели три смены, остеклили помещение, купили графины и цветы, убрали с витрин пустые коробки и банки ("чтобы не заниматься самообманом"), сделали склад для овощей (но еще не загрузили продуктами), сапожную мастерскую, папиросный ларек, создали свой распределитель и лавочные комиссии[52]. Просто построили и убрали? Откуда взялись продукты, ведь их не хватало раньше? ("Хватало только по одному блюду, а теперь полный обед"). Читаешь выступления рабочих, но ответа на эти вопросы не находишь. Похоже, что это была очередная показная кампания для создания и поддержки энтузиазма масс.

---

49. РГАЭ, ф. 8043, оп.1, д. 72, л. 1.

50. Воровство поистине принимало гигантские размеры. На совещании с делегатами съезда директоров ГОРТа в апреле 1932 г. Микоян сказал: "Воруют все вплоть до коммунистов. Коммунисту легче воровать, чем другому. Он забронирован партбилетом, на него меньше подозрений". Он привел такие факты: проверка хлебных магазинов по Москве показала, что воруют по 12 вагонов в день (РГАЭ, ф. 8043, оп.1, д. 72, л. 1).

51. Для общепита также устанавливались нормы, которые отличались у различных предприятий и групп населения. Были разными и цены. Так, в мае 1933 г. средняя цена обеда для рабочего была 84 коп., инженерно-технических работников – 2 руб. 08 коп., студентов – 87 коп., школьника – 57 коп. Цена обеда в коммерческих столовых для всех граждан составила 5 руб. 84 коп. (См.: Советская торговля. 1934. N 2. С. 63).

52. РГАЭ, ф. 8043, оп.1, д. 4, л. 177–199.

Не справляясь со снабжением населения, государство призывало предприятия и организации искать источники самообеспечения: вести самозаготовки в глубинке, заключать договоры с колхозами, иметь собственные огороды, свинарники, молочные фермы, фабрики—кухни, столовые. В общем всячески развивать собственную продовольственную базу, создавая "огородное кольцо вокруг городов", "Днепрострои капустного производства" и "Магнитострои птичьих инкубаторов", а также осваивать прудовое хозяйство на основе "мирного содружества и сожительства зеркального карпа и гуся, и утки"[53]. Однако специальным постановлением для предприятий был запрещен прямой обмен производимой промышленной продукции на продукты. Строго наказывалось руководство тех предприятий, которые, стараясь обеспечить себя, браковали свою продукцию и продавали ее колхозам[54].

Всячески рекламировался положительный опыт предприятий по созданию продовольственной базы. Например, автозавод им. Сталина для обеспечения рабочих продовольствием купил несколько совхозов в Подмосковье, в Гжатском районе, имел подшефные свиноводческие, мясомолочные, овощные совхозы, водоемы в Московской области и Астрахани, свои пригородные огородные хозяйства, заключал также договоры с рыбацкими и другими колхозами для обеспечения заводского рынка. Ему было выделено 7 районов для проведения самозаготовок. Сколько времени и сил требовало поддержание этого большого хозяйства! Помощь запчастями, посылка организаторов и специалистов (всегда лучших!) в подшефные совхозы для обеспечения посевных и уборочных кампаний, для постройки крольчатников, молочных ферм, силосных башен, закупки скота, заготовки кроликов, работы на базах и конторах децзаготовок. Для проведения сельхозработ в своих собственных хозяйствах постоянно требовалась мобилизация сил завода. За цехами были закреплены определенные участки работ, и заводское радио каждый день объявляло, сколько требуется рабочих рук на поля. Вопросы снабжения и внутри завода занимали уйму времени: совещания секторов по распределению продуктов, составление списков по категориям снабжения и обсуждение их на собрании (2 раза в месяц списки пересматривались), распределение талонов между цехами, продажа обеденных талонов, совещание уполномоченных по общественному питанию, снабженческие совещания, совещания

---

53. Болотин З. Вопросы снабжения. М.—Л., 1935. С. 84.
54. РГАЭ, ф. 8043, оп.11, д. 78, л. 61.

продавцов с участием рабочих, дежурства и проверка работы столовой, баз, складов, для чего создавались специальные лавочные комиссии, летучие отряды, добровольческий актив, хлебная инспекция. Следствием этого был рост слоя организаторов снабжения, не связанных непосредственно с производством. Возникает резонный вопрос: когда и кому работать, если даже для того, чтобы обратиться, например, с заявлением на хлебозавод, мобилизовывалась целая бригада? Читаешь об этом положительном опыте и создается впечатление, что завод все время лихорадило![55]

Наряду с перечисленными мерами были предприняты попытки решить одну из основных проблем: несоответствие карточного уравнительного распределения и политики зарплаты. В декабре 1932 г. появились постановления ЦК ВКП (б) и СНК СССР о расширении прав заводоуправлений в деле снабжения[56]. С ними была связана дальнейшая дифференциация снабжения на производстве и попытки найти новые стимулы к труду[57].

В соответствии с этими решениями устанавливалось две формы снабжения на заводах. На крупнейших предприятиях промышленности ЗРК ликвидировались, а снабжение передавалось ОРСам при заводоуправлениях. На остальных предприятиях, где ЗРК сохранялись, они также полностью подчинялись заводской администрации. Право выдачи "заборных документов" переходило к руководству завода. Постановления усиливали власть директора и требовали от него увязать снабжение с интересами производства. Подлежал пересмотру контингент снабжаемых. В результате этой акции значительное число "прихлебателей и мертвых душ, присосавшихся" к системе льготного централизованного снабжения, были лишены его. После появления этого постановления ухудшилось положение интеллигенции. Начались массовое открепление врачей и учителей от ЗРК и ОРСов предприятий и передача их на снабжение в общем порядке. Само снабжение стало дополнительным рычагом принуждения в руках администрации. Паек

55. См.: Салов А. Организация рабочего снабжения. М., 1933.

56. См.: Советская торговля. 1934. N 7–8. С. 19.

57. Поиски стимулов к труду приобретали зачастую изуверские формы. Микоян, описывая свои впечатления от работы заключенных на Беломорстрое, рассказывал: "Работают здорово и не видно, чтобы красноармейцы стояли и наблюдали за тем, как работают." А все почему? Снабжение зависит от работы. "Хорошо работаешь – можно письма из дома получать, жену из дома выписать. Лучше работаешь – можно два раза выписать, а другой не может" (РГАЭ, ф. 8043, оп. 1, д. 72, л. 6).

должен был превратиться в орудие трудовой дисциплины. Он должен был быть использован в борьбе за выполнение производственного плана и повышение производительности труда.

Нормы снабжения внутри завода должны были определяться значением данного цеха, конкретной группы рабочих в производстве. Так, на заводе им. Марти в цехе были определены следующие группы (приведены по мере убывания норм снабжения): "треугольники" цехов, лучшие ударники, рабочие–неударники и служащие ударники, служащие. На заводе "Серп и молот" разные нормы имели ударники с почетными грамотами, ударники производственных цехов, ударники непроизводственных цехов[58].

Предписывалось иметь специальные магазины[59], столовые для ударников, доставлять им товары на дом, проводить соревнования за право быть прикрепленными к магазинам, применять дополнительное снабжение при перевыполнении плана. На предприятиях Азнефти, например, перевыполнив план на 10%, можно было дополнительно получить 1–1,5 кг сахара, 2–3 кг муки, 1 кг сыра, 4 кг кондитерских изделий, 1 кусок хозяйственного мыла и пару белья[60]. В зависимости от выполнения плана распределялись ордера на обувь и одежду. Существовало и дифференцированное питание. Обеды для ударников должны были стоить дешевле при их более высокой калорийности. Полагалось обслуживать ударников вне очереди, отводить для них особые "ударные комнаты" (с белыми скатертями, цветами и музыкой) или отдельные столы[61].

Лишение "заборных" документов должно было применяться как санкция против прогульщиков и летунов. На предприятиях два раз в месяц, а в некоторых случаях один раз в декаду или пятидневку ставился штамп о выходе на работу. Без отметки продукты не

---

58. См.: Советская торговля. 1933. N 6. С. 121–122. Стоимость набора неударника была 41 руб.18 коп., ударника – 75 руб. 76 коп., лучшего ударника – 81 руб.

59. При входе в такие магазины сидел специальный человек, который проверял пропуска или "ударные книжки". Однако чрезмерное усердие доводило порой до абсурда. В Донбассе, например, один из магазинов был разделен перегородками на 6 частей, в которых отоваривались разные группы рабочих. В каждом из этих отделений был свой проверяющий, хотя ассортимент товаров был везде один и тот же (См.: Советская торговля. 1935. N 8. С. 50).

60. См.: Советская торговля. 1933. N 6. С. 121.

61. См.: Советская торговля. 1934. N 2. С. 110. Болотин З. Вопросы снабжения. С.70, 72.

выдавались[62]. За спекуляцию "заборными" документами, за расходование фондов снабжения сверх утвержденного контингента, а также сверх фактического наличия рабочих и служащих виновные должны были привлекаться к уголовной ответственности как за преступления, направленные на подрыв дела рабочего снабжения (ст.58, п.7 и 105 УК РСФСР)[63].

Велись и поиски виновных. Так, Микоян пишет письмо в ОГПУ с просьбой выяснить, нет ли вредительства в доставке товаров, а то, дескать, посылаем много, а товар не доходит[64]. И "козлы отпущения" были найдены: ОГПУ выявляло контрреволюционные организации, создававшие сложности в снабжении, запекавшие мышей в хлеб и клавшие болты в салат[65].

Таким образом, с помощью все большей дифференциации в снабжении правительство пыталось стимулировать развитие производства и гарантировать снабжение рабочего "авангарда". Система распределения товаров по едокам все более уступала место хозяйственной целесообразности. Главным принципом было кормить не вообще, а работающих на производстве и выполняющих задания. Система снабжения подчинялась приоритетам старой "военно-коммунистической" экономики. В 1921 г. В.И. Ленин, выступая на III Всероссийском продовольственном совещании, говорил: "Когда речь идет о распределении продовольствия, думать, что нужно распределять только справедливо, нельзя, а нужно думать, что это распределение есть метод, орудие, средство для повышения производства". И далее "...если распределять продовольственные продукты, как орудие политики, то в сторону уменьшения числа тех, которые не безусловно нужны, и поощрения тех, кто действительно нужен"[66].

В условиях острого продовольственного кризиса или с точки зрения потребностей проводимой правительством индустриализации такая распределительная политика могла казаться эффективной. Являясь логическим продолжением общего экономического курса, играя подчиненную роль, она вроде бы создавала условия для его реализации. Однако необходимо помнить, что обострение продовольственного

62. См.: Советская торговля. 1933. N 6. С. 121.
63. РГАЭ, ф. 8043, оп. 1, д. 58, л. 144–152.
64. РГАЭ, ф. 8043, оп. 11, д. 12а, л. 287.
65. РГАЭ, ф. 8043, оп. 1, д.4, л. 72, 80, 81.
66. Ленин В. И. Полн. собр. соч. Т. 43. С. 359.

дефицита и рост инфляции на рубеже 20–30-х гг. были результатами политики самого сталинского руководства.

В связи со сказанным встает и другой вопрос. Удалось ли создать нормальные условия труда и быта хотя бы для той небольшой части общества, которая была занята в крупном промышленном производстве? Знакомство с архивными материалами Наркомата снабжения не позволяет утвердительно ответить на него. В течение всего периода карточного распределения снабжение рабочих осуществлялось с большими перебоями и напряжением. Сама разработка планов снабжения в центральных и местных органах была многоступенчатой, сложной и долгой. Планы разрабатывались с большим опозданием, что влекло задержки в отгрузках товаров. Хроническими явлениями были недогрузы и срывы поставок. Контингенты централизованного снабжения, определяемые Наркомснабом, повсеместно оказывались заниженными. С мест шел поток жалоб и просьб пересмотреть и расширить их. Из-за дефицита товаров реальные фонды, направляемые на места, были ниже расчетных. Занижение контингентов, уменьшение фондов, срывы поставок и недогрузы вели к тому, что нормы, установленные для снабжения рабочих, не соблюдались.

Местные власти находились в тяжелом положении. Правительство разрешило им варьировать нормы, но не позволяло превышать выделенные фонды, расширять контингенты, переводить предприятия из низших списков в высшие. В конце 1929 г. Политбюро отменило решение Средне–Волжского крайкома ВКП (б) о повышении до 800 г дневной нормы хлеба рабочим[67]. Разворачивался конфликт между центральной и местной властью. В Иркутске в мае 1931 г. за отказ выдать по поводу 1 Мая сверх плана мяса на снабжение рабочих были арестованы и приговорены судом к 4 месяцам принудительных работ руководящие работники конторы Союзмясо. Нарком снабжения Микоян при поддержке Сталина отменил распоряжения суда, потребовал "ударить по рукам" и впредь беречь централизованные фонды[68].

Наркомснаб стремился контролировать деятельность местных властей по вопросам снабжения, требуя присылать все распоряжения на этот счет. Однако местные власти пренебрегали этими требованиями: процветали злоупотребления на местах, директивы и постановления не

67. РГАЭ, ф. 8043, оп. 11, д. 15, л. 169.
68. РГАЭ, ф. 8043, оп. 11, д. 33, л. 16.

выполнялись, уполномоченные Наркомснаба зачастую игнорировались. Директора, ощущая себя хозяевами на производстве, решали вопросы снабжения по своему усмотрению[69]. В одном из своих выступлений Микоян сетовал: "Каждый делает по-своему. Все молчком. Если самому поехать на завод, заподозрить да покопаться, тогда только узнаешь"[70]. Микоян был вынужден неоднократно обращаться за поддержкой своей позиции в ЦК.

Даже снабжение военных объектов и крупнейших промышленных центров осуществлялось с трудностями. Бесперебойность снабжения Москвы, Ленинграда обеспечивалась за счет импорта, сокращения целевых поставок, разбронирования неприкосновенных запасов[71]. И тем не менее нормы снабжения Москвы и Ленинграда особенно по мясу, жирам, крупе также неуклонно сокращались.

Каково было реальное потребление индустриальных рабочих в период карточного снабжения? Для ответа на этот вопрос воспользуемся данными о рабочих бюджетах. Они разрабатывались ЦУНХУ на основе текущих ежедневных записей прихода, расхода и потребления. Для обследования отбирались 9—10 тыс. семей рабочих, занятых в крупной промышленности. Эти данные ежемесячно публиковались в специальном бюллетене в порядке, не подлежащем оглашению. Обратимся к наиболее обеспеченному слою — индустриальным рабочим Москвы (см. табл. 4). Необходимо отметить, что материалы таблицы характеризуют общее потребление рабочих, то есть включают продукты, распределямые по централизованному снабжению, общественное питание и покупки продуктов на рынке.

Если сравним приведенные данные с бюджетными материалами за 1928/29 г. (см. табл.1), то увидим ухудшение питания рабочих семей Москвы в период карточного распределения. Особенно плохим оно было в 1933 г. Но даже в 1935 г. не происходит существенного улучшения. Питание рабочих Москвы в 1935 г. было хуже, чем до введения карточек. По сути дела, в первой половины 30-х гг. правительство стремилось восстановить уровень питания конца 20—х гг., но не смогло

---

69. РГАЭ, ф. 8043, оп. 11, д. 51, л. 1—5.

70. РГАЭ, ф. 8043, оп. 11, д. 51, л. 1—5; д. 66, л. 147.

71. РГАЭ, ф. 8043, оп. 11, д. 14, л. 14; д. 17, л. 147; д. 31, л. 11; д. 41, л. 129, д. 50, л. 166; д.52, л. 57; д. 61, л. 163.

этого достичь. Исключение составляет потребление хлеба, овощей и молока[72].

Питание семейных рабочих г. Москвы
(в среднем на одного человека за мес. в кг)*

Продукты	1932 г.	1933 г.	1934 г.	1935 г.
Мука и хлеб в переводе на муку	15,3	14,0	19,8	18,9
Крупа	1,4	1,1	1,2	0,5
Мясо	2,1	1,8	2,0	1,9
Рыба	1,7	1,3	1,4	1,5
Масло коровье	0,08	0,1	0,2	0,2
Масло растительное	0,3	0,08	0,04	0,06
Сахар	1,1	0,8	0,9	0,8
Картофель и овощи	12,5	14,1	12,9	15,6
Фрукты	0,6	0,4	0,3	0,3
Молоко	2,2	1,9	1,8	2,5
Кондитерские изделия	0,8	0,6	0,9	0,6

*Примечание. За 1932, 1933 гг. приведены среднегодовые данные; за 1934, 1935 гг. - в среднем за полгода. Составлено по : РГАЭ, ф. 1562, оп. 329, д. 62, л. 20-25, 86.

Сравним приведенные сведения с данными о потреблении рабочих в царской России. М. Давидович в книге "Петербургский текстильный рабочий" (М. 1920. С.65) пишет, что в начале XX в. среднесуточная порция мужчины в полных рабочих семьях составляла: по хлебу 1042 г (более 30 кг в мес.), сахару 44 г (1,3 кг в мес.), растительным продуктам 555 г, животным 457 г (соответственно около 17 и 14 кг в мес.). При этом потребление рабочего текстильной промышленности

---

72. В конце 1935 г. после отмены карточек на мясо, рыбу, жиры потребление этих продуктов еще более снизилось: привыкали к новым ценам. Причем чем лучше были условия нормированного снабжения, тем болезненнее воспринималась отмена карточек, так как был выше процент роста цен. Отмена карточек более затронула "авангард" рабочего класса. Рабочие второстепенных производств, которые в условиях плохого централизованного снабжения покупали продукты по высоким ценам в коммерческих магазинах и на рынке, даже "выиграли", т.к. цены открытой торговли были ниже цен вольного рынка (РГАЭ, ф. 1562, оп. 329, д. 62, л. 92). Правительство частично компенсировало повышение цен, сопровождавшее отмену карточек, тем, что повысило зарплату промышленным рабочим.

было характерно для среднего рабочего в Петербурге. Потребление металлистов было выше. Таким образом, питание семей фабрично-заводских рабочих в Москве в первые пятилетки было хуже питания среднего рабочего в Петербурге в 1908 г. Оно было близко потреблению русских нефтепромышленных рабочих Баку. Так, по данным А.М. Стопани, размеры дневного потребления русских нефтепромышленных рабочих, живущих с семьей, составляли: по хлебу 692 г (более 20 кг в мес.), сахару 52,5 г (1,6 кг в мес.), овощам и картофелю 43,3 г (1,3 кг в мес.), мясным продуктам 41 г, по рыбным продуктам 5,5 г (соответственно 1,2 и 0,2 кг в мес.)[73].

В литературе 30-х гг. есть данные о рационе германских рабочих и рабочих заводов Форда в годы, предшествовавшие мировому экономическому кризису[74]. В сравнении с этими данными нормы снабжения индустриальных рабочих в СССР были высокими по хлебу, картофелю, но ниже по сахару и особенно сильно отставали по молочным продуктам, жирам, потреблению яиц, овощей и фруктов.

Попробуем оценить роль централизованного снабжения в питании рабочих семей Москвы. Для этого определим удельный вес общепита и рынка. Доля общественного питания была довольно высока, особенно в голодные годы. Так, в 1932 г. удельный вес общепита по мясу составлял 27%, в 1933 г. – более 40%, по рыбе – 29–30%, крупе – 20–30%, растительному маслу и маргарину – 40–60%, яйцам, творогу, сыру – более 30%. В 1934, 1935 г. доля общественного питания упала, росли приобретения продуктов для домашнего питания[75].

Особо важную роль в питании рабочих играл рынок. В 1932 г. рабочий покупал около 30% мяса на рынке, в 1933 г. около – 80%. По сыру и творогу эти показатели составили 40 и 70%, по молоку – 60 и 30%, яйцам – 80 и 30%, рыбе – 9 и 60%. Доля рынка в общей стоимости покупок была еще выше. В 1933 г. рабочие покупали около 18% муки и хлеба на рынке, но доля этих покупок в общей сумме, уплаченной за мучные продукты, составила 79%[76]. Это и понятно, так

73. См.: Нефтепромышленный рабочий и его бюджет. Баку, 1916. С. 116.

74. Они приводятся со ссылками на следующие издания: Revue International du Travail,#4,1925. Standard of Living of Employees of Ford Motor Co in Detroit// Monthly Labour Review,1930. Recent Family Budget Enquiries//International Labour Review, nov,1933 (Болотин З. Вопросы снабжения. С. 53–54).

75. РГАЭ, ф. 1562, оп. 329, д. 62, л. 8–10.

76. РГАЭ, ф. 1562, оп. 329, д. 62, л. 8–10.

как разница низких пайковых и высоких рыночных цен была огромна[77].

Таким образом, централизованное снабжение практически не давало рабочим животных и молочных продуктов. Правда, положение в Москве было лучше. Доля рынка была наиболее высока по молоку (в 1932 г.— 27, в 1933 — 53%), яйцам (70–80%), по мясу она составляла 6 и 19%, рыбе – 1–2%, мучным продуктам – 0,5–4%[78]. В 1934 и 1935 г. рынок продолжал играть важную роль в снабжении рабочих не только по причине недостаточного централизованного снабжения, но также из-за изменения соотношения цен государственной и колхозной торговли[79].

Приведенные данные свидетельствуют о том, что положение рабочих, в том числе и индустриальных, ухудшилось при переходе к централизованному нормированному распределению. Привилегии и процветание рабочих в период индустриализации – очередной миф сталинской пропаганды. Промышленных рабочих можно считать привилегированным классом только по сравнению со служащими и интеллигенцией, жившими в те годы впроголодь, а также крестьянством, которое миллионами гибло в колхозной деревне. Таким образом, главная задача карточного распределения – обеспечение города и населения, занятого на производстве, не была выполнена.

Не случайно поэтому вся история карточного снабжения сопровождается недовольством населения. Формы протеста были различны: бегства с предприятий, письма в ЦК и правительству, нажим на местные власти, голодные демонстрации и забастовки. Массовые

---

77. Цена мяса в общественном секторе (карточки и открытая продажа) составила в 1932 – 1933 гг. 2–4 руб., на рынке – 7–10 руб.; животное масло стоило около 9 руб., на рынке – 22–34 руб.; яйца соответственно 5–8; на рынке – 11–17 руб.; сахар – 1–3 руб., на рынке – 13–19 руб. (РГАЭ, ф. 1562, оп. 329, д. 62, л. 133–136).

78. Имея лучшие пайки , фабрично-заводские рабочие пользовались этим. Так, норма хлеба в Москве была выше фактической потребности. Часть хлеба продавалась или обменивалась. В рабочих бюджетах существовала особая графа – доход от продажи продуктов и вещей. Под этим понималась как продажа части пайка, так и личных вещей. Наиболее высокая доля в общем доходе семьи по этой статье была в голодные 1932 и 1933 гг. – 4,5 и 7% , в 1934 г. она составила 3,8, в 1935 – 1,8% (РГАЭ, ф. 1562, оп. 329, д. 62, л. 1).

79. Так, в первой половине 1934 г. (по сравнению с первой половиной 1933 г.) цены в государственном секторе выросли на 25%, в колхозной же торговле они упали на 49%. В первой половине 1935 г. цены государственной и кооперативной торговли вновь выросли (на 52,5%), на рынке же снизились на 23,3%. (РГАЭ, ф. 1562, оп. 329, д. 62, л. 39, 90).

выступления недовольных проходили в июне 1930 г. в Черноморском округе, в июле 1930 г. – в Казахстане, в апреле 1932 г. и феврале 1933 г. – на предприятиях Ивановской области[80].

В записке инструктора ЦК приводятся высказывания недовольных рабочих:"задушили рабочих: нет ни хлеба, ни денег", "Ленин жив и, учитывая тяжелое положение, хочет наладить дело, у нас все готово, и сейчас раздаются листки для записи желающих бастовать"[81]. В январе 1933 г. в редакцию "Известий" поступило письмо от 3 рабочих (Иваново). Вот его содержание: "Мы, старые рабочие, при капиталистическом строе так не жили, как сейчас. Текстильщики получают 100 руб. в месяц, по твердой цене только хлеб, остальное на рынке. Дети наши увядают от недоедания, не видят молока и сахара, картофель на рынке продается по штуке, в столовых мороженный картофель и вода. Жить так нельзя, в массах ропот и недовольство. Говорят о выступлениях по типу Вичуги и Тейков"[82].

Воплем отчаяния рабочих является письмо с Ижевского завода, посланное в августе 1930 г. на имя Рыкова: "Просим Вас от имени 50000 рабочих Ижевского завода спасите нас от голода. Столовые закрываются, дают воду с овсяной крупой и немного хлеба. В магазинах дают по 1/2 фунта черного хлеба или муки на человека, больше ничего не дают вот уже с месяц. Мы пухнем от голода, работать нет сил. Раньше дармоедам солдатам давали по 3 фунта черного хлеба, по 1/4 фунта мяса и 1/2 фунта крупы на ужин, а они ничего не делали. А мы несем тяжелую работу, особенно в литейном цехе. Рабочие бегут с производства, продают все с себя, лишь бы прокормить детей. Дети-то чем виноваты, что Вы не сумели нас обеспечить ничем. На кой нам Ваша тяжелая индустрия, когда мелкой нет совсем. Тяжелой сыт не будешь. Надо было сначала обеспечить себя предметами первой необходимости, а потом думать о тяжелой индустрии или все прахом пойдет от голода.

Тов. Рыков, что мы Вам предлагаем. Послушайте нас, не упрямьтесь далее. Будет уж, натешились. Видите, ничего не выходит, можно свернуть и на другую дорожку. Первое, что надо – открыть частные заводы, фабрики и частную торговлю. Частник, не прижатый

---

80. РГАЭ, ф. 8043, оп. 11, д. 26, л. 13; д. 12а, л. 161, 174–176; д. 15, л. 169; д. 17, л. 208; д. 41, л. 294; д. 56, л. 51; д. 73, л. 164–165; д. 108, л. 281.

81. РГАЭ, ф. 8043, оп. 11, д. 73, л. 164–165.

82. РГАЭ, ф. 8043, оп. 11, д. 73, л. 164–165. Речь идет о забастовке рабочих на предприятиях Вичуги и Тейкова в апреле 1932 г.

налогами, все найдет. Потом создать образцовые хозяйства, т.е. позволить ... иметь по 3–4 лошади, с десяток коров, с 1/2 сотни овец и кур, и гусей ... когда будет частная торговля, крестьянин будет стараться получить из труда больше продуктов и для этого будет дешево продавать хлеб и шерсть, и лен, и мясо. А когда крестьянин не заинтересован в покупке, он ничего не продаст. Значит, будет мало сельских продуктов, а значит, они будут дороги. А дороги будут сельские продукты, дороги будут и городские... Вы видите, нам не справиться больше, зовите на помощь частника, как призвали когда-то нэп.

Просим Вас, не вынуждайте нас к решительным мерам, мы обращаемся к Вам по-товарищески. У нас много коммунистов, и все пришли к одному решению – положение катастрофическое, дальше терпеть нельзя. Конечно, есть еще способ спасти страну от нищеты. Это – получить все из-за границы. Плюньте на такую поддержку, спасите нас от голодухи... (следуют подписи уполномоченных по цехам)"[83]. Комментарии излишни.

Итак, централизованное нормированное распределение было частью общего социально-экономического курса, проводимого сталинским руководством на рубеже 20–30-х гг. Оно призвано было обеспечить нужды индустриализации, прежде всего гарантировать продовольственное снабжение промышленного "авангарда". Можно утверждать, что эта политика потерпела крах. Рабочее снабжение было провалено. Положение городского населения, в том числе и промышленных рабочих, резко ухудшилось с установлением государственной монополии в снабжении. Город переживал тяжелые дни. А что же происходило в деревне?

83. РГАЭ, ф. 8043, оп. 11, д. 26, л. 13.

Глава II
"ХЛЕБОСДАЧА – ПЕРВАЯ ЗАПОВЕДЬ"
ГОЛОД В КОЛХОЗНОЙ ДЕРЕВНЕ

Как ни тяжела была ситуация с продовольственным снабжением в городе, гораздо хуже обстояло дело на селе. Политика правительства по отношению к крестьянству заключалась в следующем: обеспечить сдачу сельскохозяйственной продукции любой ценой. От хода госзаготовок зависели снабжение рабочих продовольствием, промышленности – сырьем, выполнение экспортно-импортного плана. Система централизованного нормированного снабжения села была одним из рычагов, используемых правительством для обеспечения госзаготовок. Не случайно основная отгрузка товаров на село проходила в третьем – четвертом кварталах, что было связано с реализацией урожая. В отличие от города для села не были определены ни численность контингентов, ни душевые нормы снабжения. Это приводило к тому, что наиболее многочисленные области оказывались менее обеспеченными на душу населения[1].

Снабжение села должно было производиться в прямой зависимости от выполенения планов заготовок и носило характер отоваривания хлебосдачи, скотозаготовок и т. д. Для этого правительство бронировало специальные целевые фонды по отдельным видам заготовок, а также фонды для обеспечения добычи пушнины, разработок полезных ископаемых, путины, лесодобычи и лесосплава и др. В 1933 г. удельный вес фондов, бронируемых для заготовок, составил 40% всего сельского фонда планируемых промтоваров[2]. Кроме того, государство осуществляло нормированное снабжение товарами и продовольствием в порядке товарооборота (главное место занимало отоваривание хлебом сдатчиков технических культур).

При отоваривании выдерживался социально-классовый принцип. Преимущественное право получения товаров предоставлялось колхозникам, затем единоличникам — контрактантам. Запрещалось отпускать дефицитные товары кулаку. Зажиточные хозяйства отоваривались только при полном выполнении задания по сдаче сельскохозяйственной продукции[3]. При этом нормы обязательных

---

1. См.: Советская торговля. 1933. N 6. С. 58–59.
2. См. там же. С. 53.
3. РГАЭ, ф. 8043, оп. 1в, д. 3, л. 30.

поставок для единоличников были выше, чем для колхозников. Например, осенью 1933 г. на Урале единоличник должен был сдать государству 55 кг мяса с коровы, колхозник – 25–34 кг. Для кулацких хозяйств нормы обязательных поставок устанавливались в двойном размере[4].

Правительство определяло нормы отоваривания. Так, в 1930–1931 гг. для колхозников подлежало отовариванию 30–40% суммы, полученной ими за сдачу хлеба, мяса, шерсти, для единоличников – 25–30%[5]. Отоваривание заготовок производилось как промышленными товарами, так и продовольствием. В 1930–1931 гг. за сданную тонну сырья (табак, махорка) колхознику полагалось 3–7 ц хлеба, единоличнику – 2–5 ц. Тогда же за сданный пуд хлеба крестьянин мог получить промтоваров на 30–40 коп. Для сравнения: яловые сапоги стоили в 1931 г. по сельскому фонду 40 руб., значит, чтобы их купить, нужно было сдать 100 пудов хлеба[6]. Сельская беднота снабжалась из специальных фондов, создаваемых путем отчислений от сверхплановых заготовок, децзаготовок, гарнца, а также раздачи части конфискуемого хлеба[7]. За это от нее требовалось содействие в проведении заготовок. Беднейшие слои деревни наряду с советскими, партийными и кооперативными работниками были главной ударной силой красных боевых сотен, комиссий содействия и прочих формирований, участвовавших в осуществлении госзаготовок.

Следует сказать, что крестьянство сдавало государству продукцию по низким заготовительным ценам, снабжалось же товарами по высоким коммерческим ценам, которые были значительно выше цен нормированного распределения в городе. Это достигалось тем, что на товары для села существовали более высокие торговые накидки. В 1931 г. начисления на отпускные цены промышленности по селу в сравнении с городом были выше на 3–50%. Последовавшее затем весеннее повышение цен было неравным для города и села. Оно еще более обострило дисбаланс городских и сельских цен, который сохранялся на всем протяжении карточной системы[8]. На сельские

4. РГАЭ, ф. 8043, оп. 1, д. 84, л. 31.
5. РГАЭ, ф. 8043, оп. 1в, д. 3, л. 35.
6. РГАЭ, ф. 8043, оп. 1, д. 7, л. 49; оп. 1в, д. 1, л. 35; оп. 11, д. 38, л. 137.
7. РГАЭ, ф. 8043, оп. 11, д. 14а, л. 50.
8. В результате этого повышения накидка на отпускную цену промышленности составила по обуви 22 в городе и 96% на селе; по готовому платью – соответственно 9 и 41%; галошам – 70 и 123%; туалетному мылу – 51 и 125; махорке – 50 и 150% (РГАЭ,

товары существовали также особые гужевые надбавки[9]. Не случайно в литературе тех лет встречаются такие определения цены, как: "Цена есть выражение плана социалистического строительства", "Она – выражение воли организованного в государственную власть пролетариата"[10]. Таким образом, категории "стоимость", "цена" теряют свое политэкономическое содержание и приобретают доктринально-иллюзорный характер.

Кроме резкого дисбаланса закупочных цен и цен, по которым государство снабжало крестьян, существовал огромный разрыв между заготовительными и рыночными ценами. Государство "брало" хлеб по 80 коп. за пуд, т.е. около 5 коп. за кг (август 1929 г., Черноземный Центр), в это же время на рынке он стоил от 1 до 6 руб. (в зависимости от района). Весной же 1930 г. его цена за пуд повысилась до 8–12 руб. (Черноземный Центр), 15–17 руб. (Средняя Волга). Директивные хлебозаготовительные цены на 1931 г. составили 5–12 руб. за центнер, или 5–12 коп. за кг. При незначительном повышении государственных закупочных цен цены рынка росли с молниеносной быстротой, особенно в наиболее голодные 1932 и 1933 годы. Осенью 1930 г. на рынках Средней Волги пуд хлеба стоил 18–20 руб., летом 1932 г. в Удмуртии его цена возросла до 70–80 руб. В 1933 г. в Москве 1 кг муки стоил 17 руб. (более 270 руб. за пуд)[11]. Низкие заготовительные цены, невысокие нормы отоваривания и высокие коммерческие цены на товары, которые крестьяне получали за сданную продукцию, подрывали стимулы к сельскому труду, были причиной растущего социального напряжения и срывов государственных заготовок.

ф. 8043, оп. 11, д. 38, л. 137). В 1934 г. торговые накидки на обувь составили 5–10% в нормированной городской торговле, 6–12% – в коммерческой торговле. Для села они были самые высокие – 12–20% (РГАЭ, ф. 8043, оп. 1, д. 89, л. 267).

9. Использование гужевого транспорта обходилось очень дорого. На одном из совещаний Микоян говорил: "Самое дорогое теперь возить на лошадях. Возка песка обходится дороже, чем сахар и даже хлеб" (РГАЭ, ф.8043, оп. 1, д. 66, л. 198).

10. См.: Советская торговля. 1932. N 4–5. С. 124.

11. Резкий дисбаланс существовал также в ценах на мясо-молочные продукты. В 1931 г. заготовительные цены на мороженую говядину и баранину составляли от 17–18 до 32–36 коп. за кг; за литр молока государство платило совхозам 17 коп. При этом наиболее низкая продажная цена на мясо (карточное снабжение в городе) составила в 1931 г. 1 руб. 50 коп. за кг, в 1932 – более 2 руб. Коммерческие и рыночные цены были значительно выше. В 1932 г. средняя рыночная цена на мясо в Москве была 11 руб., на молоко – 2 руб. (РГАЭ, ф. 8043, оп. 11, д. 15, л. 169, 234; д. 16, л. 58–59; д. 17, л.70, 112; д. 19, л. 202–204; д. 57, л. 285; д. 116б, л. 182; оп. 1, д. 9, л. 253; д. 27, л. 112; д. 56, л. 165; д. 78, л. 29; ф. 1562, оп. 329, д. 62, л. 133–136).

46

У крестьян оставались, однако, и другие источники доходов. Так, отовариванию подлежали сверхплановые закупки. Заготовительные цены при этом были выше на 20–25 %, нормы отоваривания достигали 50% стоимости сданной продукции[12]. Другим источником доходов для крестьянства были децентрализованные заготовки. Их имели право проводить в глубинке потребкооперация, магазины, ОРСы, предприятия, столовые. Они осуществлялись по наиболее высоким конвенционным ценам. Предметом децзаготовок были в основном овощи и мясо (соответственно около 50 и 25% в общем объеме децзаготовок). Однако переоценивать значение доходов от децзаготовок не стоит. Организации, обладающие правом проводить их, вместо того, чтобы ехать в глубинку, зачастую предпочитали совершать налеты на базары или перекупать продукты друг у друга. Но главным источником существования крестьянства были свое подсобное хозяйство и торговля на колхозном рынке, развитие которого государство вынуждено было стимулировать в 1932–1934 гг.

Огромный разрыв между закупочными ценами и ценами рынка, а также ценами централизованного снабжения был не единственным фактором, осложнявшим заготовки и вызывавшим недовольство крестьянства. Главный бич сельского снабжения – дефицит товаров приводил к тому, что нормы отоваривания не соблюдались[13]. Вместо реальных товаров крестьянин чаще всего получал обязательства, квитанции, подтверждавшие сдачу продукции и подлежавшие отовариванию в неопределенном будущем, а то и вовсе облигации крестьянского займа. Хроническими явлениями были срывы поставок, недогрузы, разбазаривание сельских фондов и их перекачка в город вследствие несвоевременного выкупа товаров сельской торговой сетью из-за нехватки средств[14]. С мест шел поток жалоб на отсутствие товаров для снабжения сдатчиков сельскохозяйственной продукции[15]. Показательна в этом отношении встреча Красного Обоза в Ташкенте (характерная для тех лет пропагандистская акция). Сдатчики дехкане с зерном прибыли из Казахстана. Им был обещан прием, дефицитные товары. Вместо этого – отсутствие пищи, товаров, недовольство и

12. РГАЭ, ф. 8043, оп. 11, д. 16, л. 178.
13. На Средней Волге в 1930 г. они составили 15–17% от стоимости сданной продукции (РГАЭ, ф. 8043, оп. 11, д. 16, л. 141).
14. См.: Советская торговля. 1932. N 1. С. 61.
15. РГАЭ, ф. 8043, оп. 11, д. 17, л. 139; д. 73, л. 110; оп. 1, д. 48, л. 123.

возвращение с хлебом назад не солоно хлебавши[16]. Очевидно, что социальный результат от этой кампании по смычке города и деревни оказался обратным.

Вся система снабжения на селе (бронирование фондов, отоваривание заготовок) приводила к тому, что в сельпо к моменту реализации большая часть товаров оказывалась прикрепленной к определенным группам потребителей – сдатчиков сельскохозяйственной продукции. В условиях дефицита, ненасыщенности рынка товарами, хронического невыполнения планов сельского розничного товарооборота снабжение сельского населения представляло механическую засылку товаров и практику принудительного ассортимента. Даже тогда, когда объемы поставок на село худо-бедно соответствовали плановым, ассортимент не отвечал сельскому спросу.

Реальные душевые нормы сельского снабжения были существенно ниже городских. В среднем по СССР в 1931–1933 гг. централизованное городское снабжение продовольствием (в год на 1 чел.) превосходило сельское (с учетом целевых поставок): по муке – в 12–18 раз, крупе – 13–28, рыбе – 10–14, сахару – 8–12, винно-водочным изделиям – в 2,5–3, чаю – в 1,5 раза. Мясо и животное масло распределялось на село только по целевому назначению.

Снабжение городского населения промышленными товарами в 1931–1935 гг. (в среднем в год на 1 чел.) превосходило сельское: по швейным изделиям в – 3–6 раз, мылу – 3–10, кожаной обуви – 2,5–5, шерстяным тканям – 1,2–8, трикотажу и табачным изделиям в – 5–12 раз[17]. Только по товарам преимущественного сельского спроса (х/б

---

16. РГАЭ, ф. 8043, оп. 11, д. 11, л. 121.

17. Показатели получены на основе базы данных по торговой и демографической статистике "Снабжение населения промышленными товарами и продовольствием в 30-е гг." Она была создана на архивных материалах Наркомата внутренней торговли СССР и Центрального управления народно-хозяйственного учета Госплана СССР с помощью инструментальной системы dBASE III Plus на ПЭВМ типа IBM AT. В базу данных вошли сведения годовых отчетов о распределении рыночных фондов планируемых товаров между союзными республиками, областями, краями, автономными образованиями РСФСР за 1931–1940 гг. База данных содержит также сведения о среднегодовой численности городского и сельского населения союзных республик, областей, краев, автономных образований РСФСР (административно-территориальное деление данных демографической и торговой статистики совпадает). Демографическая статистика представляет собой подсчеты ЦУНХУ, которые велись начиная от переписи населения 1926 г. на основе сведений загсов и сельсоветов о естественном и механическом движении населения, а также материалы Всесоюзных переписей населения 1937, 1939 гг. База данных позволяет сравнить снабжение различных территорий СССР, а также снабжение городского и сельского населения за 1931–1940 гг. Предполагается расширение базы

ткани, платки, махорка) сельское снабжение не уступало городскому. Дисбаланс городского и сельского снабжения в районах, где располагались индустриальные объекты, был еще более значительным. При низких объемах сельского товарооборота правительство стремилось извлекать денежные накопления из деревни другими способами – самообложением, займами, жестким взиманием платежей, коммерческими ценами и пр.

Поскольку ни цены, ни система отоваривания не стимулировали сельскохозяйственные заготовки, главным методом их проведения был административный нажим вплоть до судебных санкций и репрессий[18]. Не случайно подготовка и проведение заготовительной кампании носили характер военной мобилизации и для прессы были характерны заголовки типа "На фронте хлебозаготовок", "Боевые задачи уборки урожая" и пр. Для проведения заготовок создавались комиссии содействия, красные боевые сотни, заградительные отряды, хлебные тройки и пр.[19] Для этих же целей был создан институт сельуполномоченных по хлебозаготовкам при сельсоветах, организованы специальные курсы оперативников (всего за один месяц они готовили "хлебников и сенников")[20]. В порядке партийной мобилизации на заготовки направлялись рабочие с промышленных предприятий, ответственные работники наркоматов, областных и краевых организаций. В ходе заготовок широко применялись репрессивные меры. Летом – осенью возрастал поток жалоб, направляемых в государственные и партийные органы. В них сообщались многочисленные факты произвола, допускаемого в период государственной заготовительной кампании. Процветал принцип: пусть кулак купит, но сдаст. Репрессивные меры распространялись не только на тех, кого считали кулаками. Устами одного из уполномоченных по заготовкам был сформулирован основополагающий принцип: "Покалечим середняка, а план выполним"[21].

данных за счет включения в нее материалов о рыночных, внерыночных, покупательных фондах, денежных вкладах, доходах и расходах населения.

18. Правда, бывали случаи, когда суд, конфискуя комоды, зеркала и пр., забывал о главном – об изъятии хлеба (РГАЭ, ф. 8043, оп. 11, д. 15, л. 233).

19. РГАЭ, ф. 8043, оп. 11, д. 15, л. 234; д. 16, л. 269, д. 116а, л. 72, 115.

20. По оценке самих властей, беда была в их малограмотности и в том, что они очень много пьянствовали (РГАЭ, ф. 8043, оп. 1, д. 47, л. 29, 87, 160; д. 48, л. 119).

21. РГАЭ, ф. 8043, оп. 11, д. 34, л. 3; д. 35, л. 121; д. 113а, л. 118–123.

Как уже говорилось, государство практически не снабжало крестьянство ни продовольствием, ни промышленными товарами. Очевидно, власти считали, что крестьянин, близкий к земле, обеспечит себя сам всем необходимым при любых обстоятельствах. На деле государство уничтожало возможность для крестьян прокормить себя и свою семью. Наращивая заготовки, государство зачастую выгребало у крестьянина все. На одном из хлебных совещаний в Наркомате снабжения представитель Башкирии говорил: "В прошлом (1930 г.) за август месяц было заготовлено всего 1 млн. пудов. В настоящее время мы имеем на 1 сентября 2 млн. 600 тыс. пудов, то есть более чем в 2,5 раза против прошлого года. Но это не значит, что хлебозаготовки идут хорошо, т.к. плановое задание на август с.г. выполнено только на 29%". Не удивительно, что весной 1932 г. из Башкирского обкома пришла телеграмма следующего содержания: хлеб забран авансом при уборочной и осенней посевной кампании, при распределении же ничего не получили. В колхозах отсутствует продовольственный хлеб (только семенной), крестьяне нищенствуют и пухнут с голода[22].

Из разных мест приходили материалы о преувеличенных планах заготовок. Планы были настолько завышены, что местное руководство зачастую боялось вынести их на обсуждение колхозников[23]. В 1930 г. нормы сдачи молока составили 70—85% от удоя. В письме из Бурятии (конец 1933 г.) говорилось, что установленные нормы удоя приведут к полному изъятию товарного молока в колхозах и фермах[24]. Как в этой связи не вспомнить с горькой усмешкой слова из одного выступления на III пленуме Московского обкома (октябрь, 1930 г.). Вот они: "Конечно, мы рады, что колхозники пьют молоко. Но мы хотим, чтобы они пили его вместе с рабочим классом, а не отдельно от него"[25].

При такой политике заготовок, снабжения и цен было чрезвычайно трудно объяснить крестьянину, зачем ему растить хлеб, скот. В августе 1929 г. рабочий Богомолов Н. Д., посланный в Центральную Черноземную область в качестве члена бригады по хлебозаготовкам, написал Сталину письмо. Главный вопрос в нем: что говорить, как объяснить крестьянину политику партии и государства? Он писал, что последняя заготовительная кампания оставила крестьянину по 30

22. РГАЭ, ф. 8043, оп. 1, д. 48, л. 116; д. 58, л. 53—55.
23. РГАЭ, ф. 8043, оп. 1, д. 48, л. 124; оп. 11, д. 16, л. 269.
24. РГАЭ, ф. 8043, оп. 11, д. 76, л. 55.
25. РГАЭ, ф. 8043, оп. 1, д. 4, л. 99.

фунтов хлеба на едока в месяц. У большинства крестьян не хватило хлеба до нового урожая. Пришлось продавать скотину, покупать хлеб на рынке. (Сдавали по 80 коп., покупали по 12 руб.). Большая часть крестьян имеет только одну корову на семейство, многие вообще без коров. Свиней нет и не заводят. Тех, кто держит две лошади или два вола на семейство из 13–14 человек, считают кулаком. У такого хозяина "берут все под метлу". А урожай? Рожь погибла на 60, пшеница на 100%. "Теперь в кооперативе что имеется", – писал Богомолов. – Соли нет хорошей (пустячного предмета). Немолотая, комьями, только для скота. Мыла простого нет больше месяца, подметок, необходимого товара для крестьянина нет. Имеется только 3 носовых платка и 10 пар валеных серых сапог, да половина полки вина. Вот – деревенский кооператив". Крестьяне жалуются: "Хлеб берете, а нет ничего: ни мануфактуры, ни обуви. Босые ходим." Готовы за сапоги отдать 8 пудов хлеба.("Сколько кожи, а обувь дорога"). Просят перевести на жалованье, как в городе. Рядом – совхоз (9 верст), 800 рабочих. "Кормят их там кандером, непроделанным пшеном с водой, и дают 1 фунт хлеба". На глазах Богомолова уволилось 300 рабочих из-за плохой пищи, а время-то: обмолот, уборка. Нет ни жилищ, ни бани. Совхоз находится в ведении областного треста, у которого есть овцы и свиньи, но тот бережет их на бекон. В заключение Богомолов написал: "Крестьяне не верят словам, как объяснить им все это?"[26]

Не удивительно, что при такой системе высоких заготовок и плохого снабжения планы срывались, а крестьяне сопротивлялись. На одном из совещаний в Наркомате снабжения сообщалось, что председатели колхозов выезжают ночью, собирают колхозников и говорят: "Старайтесь как-нибудь хлеб спрятать, сплавить, превращайте зерно в муку, ее государство не принимает". Не единичными были случаи, когда у самих сельских руководителей находили спрятанный и зарытый в ямы хлеб[27].

В условиях, когда государство не гарантировало нормального снабжения, крестьянину было выгоднее отдать деньги в счет заготовок, а не выращенную продукцию. В одной из докладных записок о развитии торговли в Западной области описан такой факт. В Смоленске на базарах группа лиц собирала с крестьян деньги вместо причитающегося с них к сдаче мяса. Это были значительные суммы, так как их

26. РГАЭ, ф. 8043, оп. 11, д. 16, л. 58–59.
27. РГАЭ, ф. 8043, оп. 1, д. 48, л. 117.

хватало на то, чтобы закупить скот на рынке, сдать его в Заготскот при коллективных списках и остаться при этом с крупными барышами[28].

При таком положении, когда крестьянин после сдачи продукции государству с трудом мог дотянуть до следующего урожая, а система централизованного снабжения обеспечивала его лишь частично, да и то с перебоями, голод был постоянным спутником деревенской жизни. Материалы Наркомснаба позволяют проследить географию голода, его нарастание, вылившееся в трагедию 1932–1933 гг. Проводники этой политики на местах вполне осознавали, что она ведет к массовой гибели людей, и предупреждали об этом в телеграммах, рапортах, донесениях[29]. Однако политика заготовок, цен, снабжения, будучи элементом, подчиненным общему экономическому курсу, не могла быть изменена в отрыве от него. Сельское население стало главным заложником индустриализации.

В декабре 1929 г. в телеграмме из Алма-Аты перечисляются районы Казахстана, пораженные голодом, который охватил бедняцкие и частично середняцкие хозяйства. Раньше они снабжались из соседних хлебопроизводящих районов, но в результате политики, приведшей к установлению государственной продовольственной диктатуры и снижению внутрикрестьянского товарооборота, наступил голод. Тогда же поступили сведения о недороде и голоде на Средней Волге. Все материалы содержат тревожные сведения о массовом убое скота[30].

В конце 1929 г. председатель Самарского крайисполкома получил письмо жителей пос. Ленинградский. В нем говорилось, что в ходе госзаготовок весь хлеб был вывезен, люди пухнут от голода, "молят не дать помереть". Приложенная копия результатов медицинского обследования свидетельствует, что из 33 человек только 2 находились в удовлетворительном состоянии[31].

Весной и летом 1930 г. шли телеграммы и записки на имя Ягоды, сообщавшие о голоде в различных концах СССР. Вот их содержание. В сибирских деревнях в большинстве колхозов запасы были израсходованы, царил голод, и на этой почве – самоубийства, рост заболеваний, уход крестьян на заработки в город. Одно из собраний приняло резолюцию – крик души: "Верните кулаков. Они нас

28. РГАЭ, ф. 1562, оп. 329, д. 30, л. 13.
29. РГАЭ, ф. 8043, оп. 11, д. 9, л. 27.
30. РГАЭ, ф. 8043, оп. 11, д. 15, л. 115, 121.
31. РГАЭ, ф. 8043, оп. 11, д. 16, л. 37.

накормят"[32]. В Казахстане разразился массовый голод, население питалось суррогатами и мелкими животными, происходил рост политических выступлений и переселение крестьян на Украину. В агитации против госзаготовок был отмечен новый момент: выступали не против снабжения рабочих, а против "бюрократов, взяточников и прочей нечисти, сидящей в советских учреждениях". Крестьяне просили забрать весь хлеб и посадить их на такой же паек, как в городе[33]. Катастрофическое положение с продовольствием было также в Черноморском округе, где росло число забастовок, в которых участвовали и рабочие, и крестьяне[34]. По сообщению секретаря крайкома Хатаевича, в то же время проходили голодные массовки в большинстве районов Средней Волги[35]. Тогда же поступали сведения о тяжелом положении в колхозах и селах Украины[36]. Даже снабжение городов на Украине было на грани срыва. В такой ситуации местные власти приняли "радикальное" решение – не брать единственную корову в счет заготовок. Однако Микоян возражал: нужно брать и единственную корову, если она нестельная[37]. Но как показывало обследование боен, брали и стельных коров, и молодняк[38].

В трудном положении находились не только колхозы. Столь же тяжелым, несмотря на централизованное снабжение, было положение работающих в совхозах. Снабжение совхозов имело целевой характер. Оно велось с учетом их хозяйственной значимости через ОРСы и ЗРК. Преимущества в снабжении имели хлопковые и зерновые совхозы[39]. Для работников совхозов устанавливались твердые нормы снабжения по хлебу, крупе, сахару, махорке, чаю[40]. Мясом и рыбой снабжался только особый ограниченный контингент. По снабжению промышленными товарами работники совхозов приравнивались к рабочим

32. РГАЭ, ф. 8043, оп. 11, д. 13, л. 162–164; д. 17, л. 139.

33. РГАЭ, ф. 8043, оп. 11, д. 13, л. 161; д. 15, л. 9, 232. Эти заявления крестьян очень важны. Они показывают их готовность принять патерналистскую модель государственной политики, но на началах равенства города и деревни. Это также свидетельство происходившего их отчуждения от земли и крестьянского труда.

34. РГАЭ, ф. 8043, оп. 11, д. 13, л. 174–176.

35. РГАЭ, ф. 8043, оп. 11, д. 17, л. 200.

36. РГАЭ, ф. 8043, оп. 11, д. 17, л. 208, 216.

37. РГАЭ, ф. 8043, оп. 11, д. 15, л. 1.

38. РГАЭ, ф. 8043, оп. 11, д. 17, л. 19.

39. См.: Советская торговля. 1933. N 1. С. 131.

40. По нормам снабжения в хлопковых совхозах в 1933 г. рабочим полагалось 800 г хлеба в день, 800 г сахара в месяц, 50 г чая в квартал. Для служащих соответственно – 400, 300 и 25 г, для иждивенцев – 400, 100 и 25 г. (РГАЭ, ф. 8043, оп. 11, д. 88, л. 111).

предприятий второго списка. Нормы снабжения совхозов от года к году снижались, на практике они редко выполнялись, ассортимент снабжения ухудшался. Поток жалоб и тревожных телеграмм свидетельствует о несоблюдении норм снабжения, массовом уходе рабочих по причине отсутствия продовольствия[41].

Страдали не только колхозники и рабочие советских хозяйств. Совсем плохим стало положение "просвещенцев села" – сельских учителей и врачей. До 1931 г. специальных постановлений о снабжении учителей и врачей не было. Местные власти сами устанавливали нормы снабжения. В первых постановлениях, которые появились по этому вопросу, указывалось, что сельская интеллигенция, работающая при колхозах и совхозах, должна была снабжаться из их ресурсов не ниже норм рабочих второго списка. В местностях, где не было колхозов, для сельской интеллигенции устанавливалось централизованное снабжение хлебом, крупой, сахаром по нормам рабочих третьего списка. Промтоварное снабжение предполагалось по нормам промышленных рабочих данной местности[42].

Однако в большинстве случаев постановления не выполнялись. По сообщениям ЦК профсоюза работников просвещения, наблюдался массовый уход учителей с работы (особенно весной). Плохое питание (зачастую шелухой) приводило к голодным обморокам во время уроков, нищенству ("ходят под окнами Христа ради"). Колхозы, сами бедствуя, отказывались снабжать интеллигенцию. "В лучшем случае там, где местная колхозная общественность и сельсовет внимательно относятся к нуждам школы и учителя," – говорилось в этих сообщениях, – колхозы в каждом отдельном случае по просьбе учителя кое-что ему уступают из своей продукции"[43]. Те, кто "сидел" на государственном пайке, также страдали. Установленный ассортимент снабжения не выполнялся. В течение длительного срока (5–7 месяцев) люди не получали полного пайка. Поступали только хлеб и сахар. Да и сами распределители располагались далеко: чтобы получить продукты, порой нужно было преодолеть 3–4 км. Положение усугублялось высокой задолженностью государства по выплате зарплаты учителям и врачам (достигала 3–4 мес.)[44]. К числу вопиющих фактов, о которых также

41. РГАЭ, ф. 8043, оп. 11, д. 41, л. 89.

42. РГАЭ, ф. 8043, оп. 9, д. 6, л. 20.

43. РГАЭ, ф. 8043, оп. 11, д. 108, л. 23.

44. РГАЭ, ф. 8043, оп. 11, д. 52, л. 281; д. 58, л. 55; д. 108, л. 23–24; д.109, л. 193; д. 116, л. 117.

говорилось в сообщениях ЦК профсоюза работников просвещения, относились склонение представителями местной администрации учителей к сожительству за продукты, заявления подобного рода: "Если кто из учителей подохнет, революция не пострадает"[45].

В условиях голода 1932–1933 гг. правительство пыталось решить вопрос о снабжении сельской интеллигенции. В январе 1933 г. появилось постановление о 2-процентном начислении на обязательные хлебные поставки для создания фонда снабжения сельской интеллигенции. Однако не были решены вопросы о снабжении другими продуктами. Местные власти, пытаясь решить этот вопрос, устанавливали дополнительные планы сдачи мяса, молока сверх обязательных поставок. Это в свою очередь вызывало недовольство колхозов[46].

Весной 1934 г. появился ряд постановлений, по которым устанавливалось централизованное снабжение сельской интеллигенции по сахару и чаю. Остальные продукты должны были выделяться из местных фондов, формировавшихся за счет децентрализованных, сверхплановых заготовок, гарнцевого сбора[47]. Правительство предлагало интеллигенции самим решать задачу собственного снабжения: заниматься огородничеством, создавать собственную продовольственную базу при школах. Парадоксально, но плохое снабжение не мешало накладывать на сельскую интеллигенцию обязательства по сдаче государству мяса и молока. Закон освобождал от нее тех, кто не имел земельного надела или имел участок до 1 га. На деле было множество нарушений , о чем свидетельствуют жалобы учителей[48].

Причинами голода на селе были не только высокие объемы государственных заготовок, плохая система снабжения, падение стимулов к труду. Многие причины трагедии следует искать в методах осуществления сплошной коллективизации, которые вели к разорению налаженного хозяйства. Так, основной причиной постоянных трудностей в мясозаготовках и мясоснабжении в период карточной системы были последствия массового убоя скота, предпринятого крестьянством в ответ на насильственное обобществление. Сведения об убое скота и предостережения о голодных последствиях этих действий поступали из разных районов страны. Так, в октябре 1929 года на Нижней Волге

45. РГАЭ, ф. 8043, оп. 11, д. 54, л. 281; д. 58, л. 53–55.
46. РГАЭ, ф. 8043, оп. 9, д. 6, л. 4.
47. РГАЭ, ф. 8043, оп. 9, д. 6, л. 1–4, 20.
48. РГАЭ, ф. 8043, оп. 1, д. 81, л. 214.

объем заготовок составил 376% по сравнению с 1928 г. Причиной, объясняющей такие высокие показатели, был массовый забой скота. Предложение мяса оказалось таким большим, что цены на скот на рынке упали в 6–8 раз. Лошадь стоила от 20 до 60 руб. вместо 140 – 180 руб. весной. Крестьяне специально "загоняли" лошадей, чтобы получить страховые за падшую лошадь. Это было выгоднее, чем ее продавать[49].

Следствия спровоцированного истребления скота описаны в письме С. И. Сырцева, посланного на мясозаготовки в Центрально-Черноземную область. По сравнению с 1928 г., сообщал он, летом 1930 года поголовье крупного рогатого скота снизилось на 32%, свиней – на 72, овец – на 50%. "Заготовки идут", – отмечал Сырцев, – за счет сокращения основной части стада с подрывом возможности восстановления его в ближайшее время... 80 – 90 % заготовок должны идти за счет однокоровников. Фактически они превращаются в изъятие последней коровы, что встретит решительное сопротивление крестьян и новый поток выбрасывания на рынок рабочего скота, молодняка. Надо ясно себе представить, что дело будет идти в порядке реквизиционных методов заготовок с участием милиции"[50].

Вследствие резкого сокращения поголовья заготовки в первой половине 30-х гг. шли с большими трудностями, часто за счет рабочего, молочного, племенного скота, а также молодняка[51]. В период карточной системы правительству приходилось уменьшать норму мяса и количество мясных дней в неделю, в том числе и для индустриальных рабочих. Мясозаготовки и мясоснабжение стали постоянной "головной болью" правительства. По этим вопросам принимались постановления, шли специальные заседания Политбюро, работали "мясные" комиссии и пр.

Мясозаготовки, проводимые с огромным напряжением сил, были зачастую напрасными. Так, некто Апыхтин, мобилизованный в Казахстан для забоя скота в августе 1930 г., писал А. Микояну: "Нет бойни, нет бойцов, нет ветврачей. 60% стада заражено. Высокий

---

49. РГАЭ, ф. 8043, оп. 11, д. 113а, л. 86.
50. РГАЭ, ф. 8043, оп. 11, д. 2б, л. 109.
51. В этой связи не вызывают удивления строки письма председателя СНК УССР В. Чубаря и управляющего делами СНК УССР Л. Ахматова, посланного на имя В. Молотова в 1933 г. В нем описываются трудности украинских колхозов: "Большая часть коров была в запряжке во время весеннего сева, что сильно уменьшило удои" (РГАЭ, ф. 8043, оп. 11, д. 74, л. 154; д. 108, л. 218; д. 113в, л. 84).

ежедневный падеж скота". Для выполнения задания сам "мобилизовал резаками дехкан – казаков" и организовал 7 примитивных боен. Что же в итоге? Из-за грязной разделки, высокой плотности погрузки в вагоны мясо прибыло в Москву испорченным[52]. Таким образом, забирая продукцию у крестьянина, государство зачастую не могло сохранить ее, несло большие потери при транспортировке и хранении.

Политика заготовок, снабжения и цен на селе неизбежно вела к трагедии – массовому голоду. Порой власти еще более обостряли положение. Осенью 1932 г. Совет народных комиссаров Украины выступил с проектом постановления, по которому в колхозах, не выполнивших свои обязательства по сдаче хлеба, несданную часть хлеба следовало заменять сдачей скота сверх обязательств по мясозаготовкам. При этом использовалось как обобществленное стадо, так и индивидуальный скот. В специальной инструкции приводились нормы для такой замены: пуд мяса "покрывал" 4–5 пудов хлеба[53]. Учитывая объемы заготовок, следует признать, что такой порядок вел к практически полному изъятию хлеба и мяса в колхозах.

Почти одновременно, 8 ноября 1932 г., появилось постановление, которое предписывало прекратить отгрузку всех товаров сельского фонда на украинские базы, а также отпуск их с баз для реализации на селе во всех областях Украины. Осуществлялись только снабжение городов, пограничных районов и целевые поставки. Под угрозой суда продажа хлеба колхозам была запрещена[54]. Не удивительно, что уже зимой 1932/33 г. на Украине разразился массовый голод.

Масштабы голода 1932–1933 гг. в основных сельскохозяйственных районах СССР были огромны. Попробуем их оценить. Как уже было сказано ранее, для 1933 г. был характерен отрицательный естественный прирост населения. По данным ЦУНХУ число умерших на селе в 1933 г. превысило число родившихся на 940, 6 тыс. человек. Это составило более 70% в общей естественной убыли населения по СССР[55].

---

52. РГАЭ, ф. 8043, оп. 1, д. 51, л. 1–5.

53. РГАЭ, ф. 8043, оп. 11, д. 52, л. 61.

54. РГАЭ, ф. 8043, оп. 11, д. 50, л. 19; д. 73, л. 230; д. 116, л. 144. Это решение имело тяжелые последствия не только для села, но и для города. Оно привело к резкому снижению товарооборота и росту задолженности по зарплате. Не случайно украинские власти просили об отмене этого решения уже через месяц после его принятия.

55. РГАЭ, ф.1562, оп. 20, д. 26, 30, 52; оп. 329, д. 16. В основе подсчетов ЦУНХУ лежат отчеты местных загсов и сельсоветов. В лучшей степени ими учитывалось население Европейской части РСФСР. Основной недоучет населения падал на

Убыль сельского населения по сравнению с городским была больше, к тому же она распределялась крайне неравномерно. По РСФСР высокой убылью населения отличались Нижняя Волга (3,6% среднегодовой численности сельского населения) и Северный Кавказ (3,3%). Большая убыль населения являлась прямым следствием голода в этих регионах. Пик смертности пришелся на июль 1933 г. Именно эти территории внесли основной вклад в общую убыль населения по Европейской части РСФСР. На долю Северного Кавказа приходится при этом более 50%. Общая убыль населения в 1933 г. была характерна также для Черноземного Центра России, Урала и Средней Волги.

Однако в общей картине убыли населения по СССР трагическое первенство держит Украина. Естественная убыль сельского населения составила здесь 1 млн. 342,4 тыс. человек. Это более 90% общей убыли населения Украины. Наибольший коэффициент смертности и отрицательного прироста сельского населения был характерен для Харьковской, Киевской и Винницкой областей, наименьший – для Донецкой и Черниговской. Кривая смертности на селе круто росла с 22 человек на тысячу в январе до 183 в июне (по конъюнктурным данным). Резкое снижение смертности произошло только в августе после получения урожая. Украина огромной потерей сельского населения внесла основной вклад в убыль населения по СССР – более 70%[56].

Не стоит забывать, что естественный прирост населения (точнее, убыль), о котором шла речь, представляет разность между числом родившихся и умерших. Абсолютные показатели смертности сельского населения еще более внушительны:[57]

Северо–Кавказский край (учтено 75% населения). Родилось 138 861 чел. Умерло 416 664. В 3 раза больше. На долю села приходится 75,5% умерших.

территории с неналаженной сетью загсов. Это – Киргизия, Казахстан, Кара–Калпакия, Якутия, Бурят–Монгольская АССР, сельские местности закавказских и среднеазиатских республик. Неполный учет населения характерен для Восточной Сибири, сельских местностей Северного Кавказа и Дальнего Востока. Подробнее об этом см.: Осокина Е. А. Жертвы голода 1933 г.: Сколько их? (Анализ демографической статистики ЦГАНХ СССР)// История СССР. 1991. N 5

56. РГАЭ, ф. 1562, оп. 20, д. 26, 30, 52; оп. 329, д. 16, 107.

57. РГАЭ, ф. 1562, оп. 329, д. 16.

Украина. Родилось 449 877 чел. Умерло 1 908 907 чел. В 4 раза больше. На село приходится 88% умерших.

РСФСР (учтены главным образом Европейская часть, Сибирь). Родилось 2 723 233 чел. Умерло 2 938 441 чел. Из них 73% составляет сельское население.

СССР (недоучет по сельским местностям Закавказья, Средней Азии, Азиатской части РСФСР). Родилось 3 415 450 чел. Умерло 4 999 226 чел. Пять миллионов! Доля сельского населения в умерших 78%.

Это — отчетные данные местных управлений народнохозяйственного учета (УНХУ). По подсчетам же ЦУНХУ, доисчисленным в соответствии с недостающим процентом охвата населения, общее число смертей, попадавших в общегражданскую регистрацию, составило в 1933 г. около 5,7 млн. чел.[58]

Но и эти сведения неполны. В докладной записке начальнику ЦУНХУ И. А. Кравалю, составленной отделом населения и здравоохранения, проводится анализ данных о естественном движении населения в период между переписями 1926 и 1937 г.[59] В ней говорится, что, по переписи 1926 г., в СССР насчитывалось 147 млн. чел., по переписи 1937 г. — 162 млн. Таким образом, естественный прирост населения за этот период составил 15 млн. чел. По данным же регистраций рождений и смертей за тот же период, он был равен 21,3 млн. чел., то есть на 6,3 млн. больше. Чем были вызваны эти расхождения?

По мнению специальных проверок, выездных бригад и самих руководителей ЦУНХУ, основные неточности статистики в 30-е годы шли по линии недоучета смертей. Человеческие жертвы были больше. В той же докладной записке недоучет смертей, попадавших в общегражданскую регистрацию, оценивается для периода 1926—1937 гг. в 1—1,5 млн. чел. Максимум из этого приходится на 1933 г. — 1 млн. чел. Специальные обследования с выездами на места показали, что основной недоучет смертей в 1933 г. падал на Украину, Северный Кавказ, Нижнюю Волгу, Черноземный Центр, т.е. на районы, охваченные голодом. В условиях массового голода столь большой недоучет понятен. Но даже при неполном учете книг для регистрации смертей не хватало.

---

58. РГАЭ, ф. 1562, оп. 329, д. 107.
59. РГАЭ, ф. 1562, оп. 329, д. 107.

Итак, главные неточности в подсчетах ЦУНХУ были вызваны недоучетом убыли населения. И для 1933 г. он максимален – 1 млн. чел. С учетом этой поправки общее число смертей, попадавших в общегражданскую регистрацию, составило в 1933 г. не 5,7, а 6,7 млн. чел. (Сюда не входят жертвы ГУЛАГа). Кроме того, если бы существовали действительные сведения о приросте по Азиатской части СССР, то размеры потерь оказались бы больше. По данным статистики, Киргизия, Казахстан, Кара–Калпакия в 1932 г. имели чрезвычайно тяжелую картину естественного движения населения, в то время как для 1933 г. они дали положительный прирост. Это результат экстраполяции на них показателей прироста более благополучных территорий.

Сколько же среди этих 6,7 миллиона, умерших в 1933 г., жертв голода? Сравним показатели смертности различных лет по РСФСР и Украине – республикам, в большей степени испытавшим тяготы голода. По отчетным данным, в 1931 г. в этих республиках умерло 2 453 511 чел., в 1933 – 4 847 348 чел., а в 1934 – 2 446 059 чел.[60] Таким образом, в 1933 г., по отчетным данным, общее число умерших в РСФСР и УССР было примерно на 2,5 млн. чел. выше, чем в более благополучные предшествующий и последующий годы. Это примерно половина (по отчетным данным) общего числа умерших в 1933 г. Если же соотнести потери со среднегодовой численностью населения этих республик, то получится, что в 1931 г. уходил из жизни 1 человек из 58, в 1934 г. – 1 из 54, а в 1933 г. – 1 из 30. Проведенные сравнения показывают, что в 1933 г. на Украине и в РСФСР смертность была почти в 2 раза выше. Исходя из этих приблизительных расчетов, можно отнести на долю жертв голода 1933 г. около половины из 6,7 млн., составляющих общие потери населения (с учетом доисчислений и поправки ЦУНХУ, но без жертв ГУЛАГа), то есть более 3 млн. человек. Из них более 2 млн. человек приходится на село.

Официальная статистика не только скрывала эти сведения, но и вообще старалась избегать слова "голод". "Недоучетом смертей" была названа величайшая трагедия XX века. Только в первой половине 1934 г. тенденция естественного прироста населения начала медленно набирать силу.

Архивные материалы Наркомснаба не содержат прямых данных о голоде 1933 г. Однако есть материалы, которые косвенно

---

60. РГАЭ, ф. 1562, оп. 20, д. 16, 49, 107.

свидетельствуют об этой трагедии: копии постановлений СНК о выдаче продовольственной и семенной помощи колхозам и совхозам, а также выделение дополнительных фондов для рабочего снабжения. Помощь выделялась в виде ссуд, главным образом семенных, подлежащих возвращению в конце лета – осенью того же года. В некоторых случаях допускалось сокращение обязательных поставок молока и мяса, а также разрешалось использовать часть поступлений по обязательным поставкам на местные нужды[61].

Другие материалы свидетельствуют о стремительном росте летом 1933 г. (пик голода) детской беспризорности в Казахстане, Кара–Калпакии, на Северном Кавказе, Украине. Дети ехали "всеми путями и видами передвижения" в города, попадая там в бараки (3–4 человека на койке). Только в Харькове число беспризорников возросло летом 1933 г. на 20 тыс. чел. Высока была детская смертность. Власти принимали чрезвычайные меры: выделяли дополнительную продовольственную помощь, собирали средства у населения, но при этом также пытались задержать приток детей в города[62].

Другой спутник голода – эпидемии. С 1932 до конца 1933 г. наблюдался рост заболеваний, приведший к страшной эпидемии сыпного и брюшного тифа на Украине и Восточной Сибири[63].

Распределение в период карточной системы отразило истинный характер социальной политики государства. Это и чрезмерное "выпячивание" заботы о рабочем классе, хотя фактически правительство не справлялось с его снабжением. Это и "убийственная" политика по отношению к крестьянству, которое понесло основные жертвы в результате выбранного социально-экономического и политического курса. Сталинская политика цен, заготовок и снабжения неизбежно вела к голоду и миллионам погибших. Не случайно в разных регионах крестьяне просят одного и того же: забрать все и "посадить" их на твердый паек, как в городе.

На июльском пленуме 1928 г. Сталин говорил: "Крестьянство платит государству не только обычные налоги, прямые и косвенные, но оно еще переплачивает на сравнительно высоких ценах на товары промышленности – это во-первых, и более или менее не дополучает на

---

61. РГАЭ, ф. 8043, оп. 11, д. 60, л. 8–11, 18, 36, 56, 67, 72, 77, 110, 158; д. 61, л.2, 132, 135, 169, 181, 215.

62. РГАЭ, ф. 8043, оп. 11, д. 61, л. 105; д. 74, л. 97, 126; д. 75, л. 225; д. 109, л. 178.

63. РГАЭ, ф. 8043, оп. 11, д. 73, л. 201; д. 107, л. 122; д. 109, л. 173; д. 113, л. 157.

ценах на сельскохозяйственные продукты – это во-вторых. Это есть добавочный налог на крестьянство в интересах подъема индустрии, обслуживающей всю страну, в том числе крестьянство. Это есть нечто вроде "дани", нечто вроде сверхналога, который мы вынуждены брать временно, чтобы сохранить темп индустриализации". Вождь, как всегда, "лукавил": сталинская политика конца 20-х – первой половины 30-х гг. обошлась крестьянству гораздо дороже. Крестьянство выплатило сверхналог сполна. Но последствия этой политики ощущаются до сих пор.

Глава III
СПЕЦИАЛЬНОЕ СНАБЖЕНИЕ: "КНУТ И ПРЯНИК"

Централизованное нормированное распределение выполняло и специальные задачи. Одна из них – обеспечение потребностей правящей элиты. Распределительная политика периода карточной системы отразила особое положение партийно-государственного руководства в обществе. С другой стороны, нормированное снабжение было элементом карательной системы. Государство использовало свою монополию в снабжении для того, чтобы наказывать голодом "провинившихся".

СНАБЖЕНИЕ РАБОТНИКОВ ПАРТИЙНО–ГОСУДАРСТВЕННОГО АППАРАТА

В 1931 г. появился ряд постановлений, которые определяли снабжение ответственных работников центрального партийно-государственного аппарата [1]. В контингент снабжаемых вошли работники ЦИК СССР и ВЦИК, СНК СССР и РСФСР, ВСНХ, союзных и российских наркоматов, ВЦСПС и ЦК профсоюзов, Центросоюза, Госплана СССР и РСФСР, ОГИЗа, Экспортлеса. В соответствии с этими постановлениями на централизованное снабжение были приняты начальники секторов, отделов, управлений, их замы, руководители групп и их помощники, консультанты, экономисты, инспектора, инженеры, референты, выдвиженцы из рабочих, руководящие работники партийных и профсоюзных организаций названных учреждений. Создавалась сеть специальных закрытых распределителей для отоваривания этих должностных лиц. По нормам снабжения они были приравнены к московским рабочим 1 категории

---

1. Появление постановлений в 1931 г. не означало отсутствия привилегированного снабжения в начальный период карточного распределения. Так, в 1930 г. стоимость красноармейского пайка по кооперативным ценам равнялась 17 руб. 14 коп. (по льготным ценам Военного хозяйственного управления – 12 руб. 45 коп.). Стоимость рабочего пайка в тот же период времени была 13 руб. 97 коп. В паек входили мука, крупа, мясо, жиры, овощи, сахар, чай, рыба и мыло. Красноармейский и рабочий пайки в то время были лучшими и по ассортименту, и по нормам. Прессой они преподносились как привилегии этих социальных групп. Фактически же это был необходимый жизненный минимум, но большинство населения было лишено и этого. В то же время совнаркомовский паек стоил 25 руб. При низких ценах централизованного снабжения это означало, что его ассортимент был существенно богаче, а нормы выше (РГАЭ, ф. 8043, оп. 11, д. 2б, л. 24, 55).

(то есть индустриальным рабочим особого списка). Фактически же они имели свои особые пайки, которые выгодно отличались от рабочих пайков по ассортименту, нормам, ценам[2].

Месячные нормы снабжения в закрытых распределителях ответственных работников в конце 1931 г. составили: 2 кг мяса, 3 кг колбасы, рыба и сельдь – 5 кг, 0,5 кг кетовой икры, 5 банок консервов, по 1 кг жиров и сыра, 30 л молока, 10 штук яиц, по 1,5 кг сахара и сухофруктов. Молочно – кислые продукты продавались без ограничения в нормах. Кроме этого, паек включал необходимую одежду (пальто деми и зимнее, плащ, костюм, брюки, мануфактура, рубашки, белье, трикотаж), а также мыло и обувь[3]. Если сравнить эти нормы с нормами снабжения рабочих в тот же период времени (табл.2), то видно, что паек партийно-государственных работников был разнообразнее по ассортименту (он включал молочно-кислые продукты, колбасу, икру, консервы). Нормы снабжения рыбой и жирами были выше норм индустриальных рабочих особого списка. Только нормы мяса соответствовали нормам рабочих 1 списка, установленным в конце 1931 г.

В правительственных распределителях ассортимент был еще лучше, а нормы в 1,5–2 раза больше норм ответственных работников, которые были приведены выше. К числу наиболее престижных относились распределители N 1, 6 Мосторга, "А" ГОРТа. Так, в универмаге, который обслуживал живущих в Доме правительства на Болотной площади, месячные нормы снабжения в 1932 г. составили : 8 кг рыбы (общая стоимость 2 руб. 75 коп.), 4 кг колбасы (5 руб.), 3 кг сахара (1 руб. 25 коп.), 1 кг кетовой икры (9 руб.) и т.д. Весь паек стоил 147 руб. 14 коп. При этом норма мяса была установлена 4 кг (общая стоимость 1 руб. 45 коп.). К концу 1932 г. такую норму мяса имели работающие на путине, норма индустриальных рабочих была 2 кг, подземных рабочих Донбасса и бурильщиков на нефтяных разработках – 3 кг в месяц. Кроме этого, без ограничения продавались птица, молочные продукты, овощи, фрукты, кондитерские изделия[4].

В конце 1932 г. появились распоряжения, по которым персональные пенсионеры, краснознаменцы, бывшие политкаторжане должны были снабжаться по нормам руководящих работников партийных, советских и профсоюзных организаций. В Москве

---

2. РГАЭ, ф. 8043, оп. 11, д. 31, л. 29; д. 32, л. 29.
3. РГАЭ, ф. 8043, оп. 11, д. 32, л. 30.
4. РГАЭ, ф. 8043, оп. 1, д. 60, л. 107–108.

снабжение ветеранов революции находилось на уровне правительственных норм. На местах же дело обстояло хуже. Делегации, обращения местных властей, персональных пенсионеров и бывших политкаторжан в Наркомснаб свидетельствуют о том, что дополнительные фонды на места не распределялись и эти распоряжения не выполнялись[5].

Развитие спецснабжения сопровождалось множеством злоупотреблений: неоправданный рост числа спецраспределителей, расширение контингентов спецснабжения, отпуск товаров по запискам и устным распряжениям должностных лиц, а также по "коллективным книжкам" организаций, получение товаров из распределителей иностранцев и дипкорпуса за рубли, использование распределителей для обслуживания заседаний, собраний и пр.[6] Эти нарушения потребовали появления специальных посановлений, которые ужесточили порядок открытия новых распределителей, прикрепления к ним и пользования ими. В частности, новые прикрепления лиц к спецснабжению стали возможны только по особому распоряжению наркома снабжения или его зама. Создавались комиссии для проверки спецснабжения. По результатам проверки виновные в нарушениях привлекались к судебной ответственности. В 1933 г. при Наркомате снабжения СССР было создано специальное бюро прикрепления к спецснабжению[7]. Однако злоупотребления в спецснабжении продолжались. Это был закономерный результат существования "кормушки" в период полуголодного существования большей части населения.

Руководящие работники центрального аппарата имели также льготы в общепите, точнее говоря, имели свое особое "общественное" питание. Известно, какие трудности были с мясом. Между тем нормы расхода мяса в столовых для руководящих работников Московской

---

5. РГАЭ, ф. 8043, оп. 11, д. 89, л. 70. Бывали и случаи открепления ветеранов революции и гражданской войны от спецраспределителей. Так, Латышев, управляющий секретариатом Наркомснаба, писал в записке Микояну следующее: "Приходили двое психически больных пенсионеров – Сенинский (бывший комиссар Латышской дивизии) и Берлинруд (бывший начальник Броневого отряда), подвергшиеся пыткам Деникина, результат чего и есть болезнь, имеющие документы от СНК и РВСовета их не возбуждать, быть вежливыми и пр., и пр.)". Причиной обращения в Наркомснаб было исключение их из продовольственного магазина спецконторы и просьба прикрепить к одному из магазинов ГОРТа. (РГАЭ, ф. 8043, оп. 1, д. 71, л. 166).

6. РГАЭ, ф. 8043, оп. 11, д. 32, л. 70, 78; д. 50, л. 136; д. 78, л. 84.

7. РГАЭ, ф. 8043, оп. 11, д. 31, л. 29; д. 78, л. 84; д. 80, л. 70.

области в 1931 г. устанавливались из расчета 4,5 кг в мес. на человека[8]. Мясные нормы в столовых для руководящих работников были выше пайковых норм для работающих в экстремальных условиях на Сахалине и в золотоплатиновой промышленности и находились на уровне специального красноармейского пайка, установленного в 1933 г. для Примонгольских и Тувинских трактов[9].

Льготы в снабжении и общепите дополнялись другими привилегиями. Ответственные работники имели льготы по квартплате и налогам. Им полагались специальные "заборные книжки" на получение литературы в Госиздате за счет хозяйственных организаций. В 1931 г. при Наркомфине СССР была создана постоянно действующая комиссия по персональным пенсиям[10].

Для ответственных работников велось специальное жилищное строительство. Выделялись необходимые и дополнительные , сверхлимитные фонды для постройки, ремонта и обслуживания их домов. Так, 1 Дом Советов имел свой собственный гараж, обширный штат обслуги, снабжаемой специальной униформой. Льготы распространялись не только на жильцов, но и на обслуживающий персонал. Дворники, слесари, электромонтеры, истопники были приравнены в снабжении к индустриальным рабочим особого списка. Охрана Дома снабжалась по нормам красноармейского пайка из фондов ОГПУ[11].

Руководящие работники пользовались правом бесплатного проезда на транспорте и служебными вагонами. Правда, в 1932 г. специальным постановлением Совет Народных Комиссаров прекратил выдачу бесплатных билетов организациям не железнодорожного транспорта, а также сократил пользование служебными вагонами. Эти льготы были сохранены только за председателями ЦИК СССР, СНК СССР и РСФСР, ОГПУ СССР, наркомами СССР, секретарями и членами Политбюро ЦК ВКП (б), командующими округов[12]. Снабжение служебных вагонов производилось за счет фондов, создаваемых для обслужи-

8. РГАЭ, ф. 8043, оп. 1, д. 5, л. 162. Для открытых столовых повышенного типа мясные нормы составили 2,25 кг в мес. на 1 человека, в коммерческих ресторанах Моссельпрома, Мосторготдела, а также в ресторанах "Европа" и "Гранд – Отель" – 3 кг.

9. РГАЭ, ф. 8043, оп. 11, д. 79, л. 6, 13; оп. 1, д. 5, л. 162.

10. РГАЭ, ф. 8043, оп. 11, д. 120, л. 82. Персональные пенсии должны были назначаться "в отдельных исключительных случаях" выдающимся революционным работникам и видным деятелям науки, техники и искусства (РГАЭ, ф. 8043, оп. 11, д. 18, л. 170; оп. 1, д. 54, л.238).

11. РГАЭ, ф. 8043, оп. 11, д. 29, л. 14; д. 62, л. 16; ф. 1562, оп. 329, д. 30, л. 73.

12. РГАЭ, ф. 8043, оп. 11, д. 44, л. 97–98.

вания съездов и конференций. В 1933 г. (!) "ежемесячное потребление продуктов служебными вагонами ЦК" (какая безликая фраза, как будто "потребляли" не люди, а какие-то вагоны) составило: 200 кг сливочного масла, 250 кг швейцарского сыра, 500 кг колбасы, 500 кг дичи, 550 кг разного мяса, 300 кг рыбы (и еще 350 кт рыбных консервов и 100 кг сельдей), 100 кг икры, 300 кг сахара, 160 кг шоколада и конфет, 100 ящиков фруктов и 60 тыс. экспортных папирос[13].

Для ответственных работников выделялись пособия на лечение, создавалось специальное санаторное обслуживание[14]. Для пребывания в домах отдыха и в привилегированных санаториях составлялись персональные списки, которые утверждались в управлении делами соответствующих организаций[15]. Среди привилегированных санаториев и домов отдыха были свои градации. Нормы питания в них отличались. Шла борьба за перевод в более "высокие" списки. Еще большая разница существовала между снабжением привилегированных санаториев и "общегражданских". Для сравнения приведем нормы питания в санаториях "10-летие Октября", "За индустриализацию", предназначенных для лечения партактива, и нормы в обычных санаториях. В день на одного больного они составляли соответственно: по сахару – 125 и 100 г, по сливочному маслу – 125 и 33–75 г, по мясу – 500 и 165–200 г, по яйцу – 4 и 1,5 шт.[16]

Руководящие работники центрального аппарата имели более высокую зарплату. Так, в 1933 г. специальным постановлением ЦИК и СНК СССР были установлены твердые должностные оклады ответственным работникам советских организаций (до этого были тарифные пояса и разряды). Было определено семь групп должностных лиц. В наиболее высокую, седьмую группу входили председатели и секретари ЦИК СССР и союзных республик, СНК СССР и союзных республик, их замы, председатели краевых, областных исполкомов и

13. РГАЭ, ф. 8043, оп. 11, д. 85, л. 152–154.

14. Например, в системе Наркомата торговли выплачивалось пособие на лечение в размере месячного оклада. В отдельных случаях с разрешения наркома или его зама оно могло быть увеличено (РГАЭ, ф. 8043, оп. 11, д. 7, л. 89).

15. РГАЭ, ф. 8043, оп. 11, д. 110, л. 214, 225.

16. РГАЭ, ф. 8043, оп. 11, д. 85, л. 112; д. 116, л. 126–127. Положение "обычных" санаториев особенно ухудшилось в 1932–1933 гг. Норма хлеба в санаториях Крыма составляла 600 г в день. Курорты "сидели на голодных пайках". Еще хуже обстояло дело в домах отдыха (РГАЭ, ф. 8043, оп. 11, д. 41, л. 169; д. 74, л. 219). Выход предлагался все тот же: обзаводиться своим собственным подсобным хозяйством.

горсоветов Москвы, Ленинграда, Харькова, управляющие делами СНК СССР и РСФСР, наркомы СССР, РСФСР, их замы, председатели Верховного суда СССР, РСФСР, краевых и областных судов, прокуроры СССР, союзных республик, краев, областей, городов Москва, Ленинград, Харьков, ответственный редактор газеты "Известия", директора Института красной профессуры, ряда университетов. Они имели оклад 500 руб. в месяц. В наиболее низкую, первую группу входили секретари и заведующие отделами райисполкомов в районах с населением до 75 тыс. чел., горсоветов в городах с населением до 25 тыс. чел., народные судьи районов с населением до 75 тыс. чел. У них оклад был 250 руб.[17] Для сравнения: зарплата индустриальных рабочих в 1933 г., по данным их бюджетов, составляла около 360 руб в мес. К числу наиболее низких в этот период времени относились оклады от 50 до 140 руб. Так, после повышения в 1932 г. зарплата учителей начальной школы составила 100 руб., учителей средней школы – 130 руб.[18]

Для помощи руководящим работникам и специалистам, "занятым на ответственных участках работы", создавались секретные фонды. Постановление СТО СССР от 13 февраля 1926 г. разрешало создавать их только в союзных наркоматах, и то в ограниченных размерах. Однако секретные фонды создавались самовольно и очень широко в подведомственных учреждениях и объединениях, областных управлениях, кооперативных союзах, на предприятиях, в низовых советских, хозяйственных и кооперативных организациях. Секретные фонды составляли значительную сумму (по проверенным в 1932 г. наркоматам и организациям – от 3 до 7% к фонду зарплаты)[19]. Причем, несмотря на значительные размеры установленных фондов, допускался их перерасход. Фонды формировались как за счет административно-управленческих расходов, так и (что не было разрешено) за счет

---

17. РГАЭ, ф. 8043, оп. 11, д. 78, л. 15–20.

18. РГАЭ, ф. 1562, оп. 329, д. 62, л. 1; ф. 8043, оп. 1, д. 90, оп. 11, д. 26, л. 2–4.

19. Это, в частности, подтверждает докладная записка управляющего делами Наркомснаба СССР Эрмана Микояну. В ней указываются объемы секретных фондов в 1932 г., источники их формирования, а также расходы. Средства шли на пособия по лечению ответственных работников аппарата и путевки, дотации в закрытую столовую руководящего состава центрального аппарата, оплату книжных абонементов, содержание закрытых буфетов коллегии и ответственных работников, строительство дома отдыха в Сочи, премии подшефным воинским частям и командировки членам коллегии. Все хозяйственные организации Наркомснаба имели секретные фонды (РГАЭ, ф. 8043, оп. 11, д. 74, л. 145).

кредитов, оборотных средств, прибыли и отчислений нижестоящих организаций. В большинстве случаев секретные фонды шли на доплату за питание в закрытых столовых, содержание спецбуфетов, покупку квартир, книжных бон, командировочные, пособия на лечение и путевки, строительство домов отдыха и пр.

Ввиду множества нарушений, "расползания и разбухания" секретных фондов правительство было вынуждено регламентировать этот процесс и локализовать привилегии. В 1933 г. появилось новое постановление о секретных фондах наркоматов. В соответствии с ним эти фонды могли создаваться только путем фактической экономии по фонду зарплаты административно-управленческого аппарата и не должны были превышать 3 % от него. Было запрещено создавать секретные фонды на предприятиях, в отделах и управлениях краевых, областных, городских и районных исполкомов, низовых госбюджетных, хозяйственных и кооперативных организациях. Право создавать фонды получали только наркоматы, центральные управления СНК и кооперативные центры СССР и союзных республик, хозяйственные объединения и тресты союзного и республиканского значения, промышленные объединения, непосредственно руководящие предприятиями, а также СНК автономных республик, краевые и областные исполкомы. Средства из секретных фондов предназначались только для руководящих работников и специалистов, "занятых на ответственных участках работы (в первую очередь на организации производства), отдающих ей много сил и времени и действительно нуждающихся в помощи". Запрещалось использовать их на покупку квартир, командировочные и пр.[20]

Однако злоупотребления секретными фондами продолжались. Так, в 1933 г. в системе Наркомата снабжения из секретных фондов намечалось выделять дотации в столовую из расчета 80–85 руб. в месяц на человека, книжные абонементы – в размере 50 руб. на человека в квартал, формировать лечебный фонд в размере 400 руб. на человека в год, содержать закрытые буфеты (в среднем 7 тыс. руб. в месяц). В общей сложности фонд был определен в размере 600 тыс. руб. в год, тогда как по постановлению он не мог превышать 123 тыс. руб.[21] По сути дела, все это отражает процесс стихийного расширенного воспроизводства номенклатуры.

---

20. РГАЭ, ф. 8043, оп. 11, д. 74, л. 138–146.
21. РГАЭ, ф. 8043, оп. 11, д. 74, л. 146.

Позднее, в 1934 г., секретными постановлениями СНК СССР выделялись специальные суммы расходов (порядка 12 млн. руб.) для улучшения бытового обслуживания работников наркоматов и других центральных учреждений СССР. Расходы должны были покрываться из резервного фонда СНК за счет экономии по сметам этих учреждений. Выделяемые средства должны были идти на дотации в столовую, содержание домов отдыха, путевки и пособия на лечение[22].

Особые фонды создавались для обеспечения съездов и конференций. Это был уже своеобразный ритуал кланового кормления из государственной "кормушки". Так, для питания участников сентябрьского (1932 г.) пленума ЦК ВКП (б) (500 человек с учетом обслуживающего персонала, на 15 дней) был затребован ассортимент продуктов из 93 наименований. А именно: более 10 т мясных продуктов (мясо, колбаса, грудинка, ветчина, куры, гуси, утки), свыше 4 т рыбных продуктов (судак, осетр, севрюга, балык), 300 кг икры, 600 кг сыра, 1,5 т масла, 15 тыс. штук яиц, а также овощи, фрукты, ягоды, грибы, молочные продукты, кофе и пр. Выделялись также фонды для снабжения отъезжающих делегатов в пути[23].

Может показаться, что все это является вполне нормальным. Руководство, которое "денно и нощно" пеклось о государственной и народной судьбе, и должно было обеспечиваться лучше. Более того, кому-то будет даже странно, что для власть имущих существовали нормы и пайки. Да и нормы снабжения были не такие уж "жировые". С этим трудно согласиться, когда, изучая документы, встречаешь буквально рядом в одном архивном деле сведения о голоде в деревне, сводку о наплыве в города голодных беспризорных сирот и требования на продукты для снабжения съездов, товарищеских завтраков и пр. Один из таких "завтраков" в честь выпуска слушателей военных академий проходил в самый разгар массового голода, весной 1933 г.[24] Встает вопрос: разве правительство не сознавало ответственности за политику, приведшую к массовой гибели людей? Безусловно,

22. РГАЭ, ф. 8043, оп. 11, д. 95, л. 4.
23. РГАЭ, ф. 8043, оп. 11, д. 52, л. 146. На день пути делегату полагалось по 100 г сыра, масла, сахара, 200 г колбасы, батон хлеба, 1 банка консервов, 25 г чая и 50 штук папирос (РГАЭ, ф. 8043, оп. 11, л. 128—129). Скромнее обеспечивались пленумы ЦК ВЛКСМ (РГАЭ, ф. 8043, оп. 1, д. 59, л. 10).
24. Для устройства товарищеского завтрака (на 1000 человек) было выделено 450 кг мяса, кур, 150 кг копченой колбасы, 200 кг рыбных продуктов (осетр, севрюга, балык, сельдь, судак), а также сыр, масло, чай, папиросы и пр. (РГАЭ, ф. 8043, оп. 11, д. 73, л. 26—27; д. 80, л. 123).

сознавало, но пыталось переложить ее на плечи конкретных "виновников", о чем свидетельствуют репрессии 30-х гг.

Знакомство с архивными материалами Наркомснаба приводит к мысли, что действительные привилегии имел очень небольшой слой союзного и республиканского руководства. По мере снижения уровня (республика, край, область, район) положение местных партийных, советских и профсоюзных работников ухудшалось. Хотя Центр стремился гарантировать их права. По постановлениям Совета Народных Комиссаров от 5 декабря 1931 г. и Наркомснаба от 28 ноября 1931 г. районные руководящие работники и члены их семей были приняты на централизованное снабжение по нормам рабочих первого списка. Им полагалось 800 г хлеба в день; 2,5 кг крупы; 2 кг рыбы; 1,5 кг сахара; 400 г растительного масла; 3 банки консервов и 25 г чая в месяц. Кроме того, они имели право купить на 10 руб. в месяц обувь, одежду, ткани, трикотаж, нитки, папиросы и пр. Товары продавались по низким городским кооперативным ценам. Был установлен контингент снабжаемых из расчета 50 человек на район (20 работников и 30 членов семей). В соответствии с этим появились специальные закрытые распределители для двадцатки районных работников. Предписывалось также организовать для районного актива медицинскую помощь, расширить сеть домов отдыха, увеличить количество путевок в санатории и на курорты. Средства для этого должны были выделяться из местного бюджета (!)[25]. Так складывалась система "номенклатурных кормлений".

Однако, как показала практика, установленные контингенты местных руководящих работников оказались значительно меньше фактически существующей низовой номенклатуры, а фонды недостаточными, снабжение плохим. В письме секретаря Северо-Кавказского краевого комитета, направленного в мае 1933 г. в комиссию ЦК ВКП (б), говорилось, что контингент руководящих работников в районах и национальных областях составлял 3490 человек плюс 2485 человек городского актива (без членов семей). В то время как определенный Наркомснабом контингент был всего 1440 чел. В

---

25. РГАЭ, ф. 8043, оп. 11, д. 18, л. 34–36, д. 31, л. 4–6. Местного бюджета было недостаточно. Поэтому центральные органы все-таки должны были "поделиться". Так, в 1934 г. фонд курортной помощи районным работникам системы Наркомснаба формировался за счет снижения административно-хозяйственных и общезаготовительных расходов наркомата (РГАЭ, ф. 8043, оп. 11, д. 109, л. 37–38).

крае вынуждены были держать в районах не по 20 руководящих работников, а по 40–45 чел., в национальных областях – от 60 до 200. "И меньше этого при теперешнем положении в деревне на Северном Кавказе иметь не можем", – писал секретарь крайкома. – До сих пор эти разрывы покрывались за счет общих фондов рабочего (!) снабжения. Но продолжать это при нынешнем состоянии рабочего снабжения нельзя"[26]. Край переживал в это время трудные голодные времена, тем не менее разраставшаяся низовая номенклатура требовала специального снабжения.

В письме секретаря Казкрайкома также говорилось, что "снабжение краевого, областного, районного партактива Казахстана находится в крайне неудовлетворительном состоянии. Возможности к снабжению партактива за счет выделяемых обычных городских фондов нет"[27]. Протокол зеседания Бюро ЦК КП(б) Узбекистана также свидетельствует о плохом снабжении районного партактива. Люди получали 600 г хлеба в день, 0,5 кг крупы, 0,8 кг сахара, 0,3 л растительного масла, 5 кг муки, 3 кг кондитерских изделий в месяц. В связи с этим власти просили разрешения использовать конфискованные продукты на улучшение питания местного актива[28].

В худшем положении находилось снабжение сельского актива. Как и сельские специалисты, секретари и председатели сельсоветов снабжались за счет 2% начислений на хлебопоставку и из местных ресурсов. Специальными постановлениями определялись снабжение и зарплата работников политотделов МТС и совхозов. Оно должно было осуществляться как через централизованное снабжение, так и из фондов совхозов по нормам красноармейского пайка (только нормы мяса устнавливались по первому списку). Были определены контингенты снабжения, которые прикреплялись к закрытым распределителям районной двадцатки. Однако поток жалоб и писем от работников политотделов свидетельствует о том, что установленный порядок и нормы снабжения не выполнялись[29].

Вследствие плохого снабжения местных партийно-государственных работников появляются постановления Наркомснаба об увеличении

26. РГАЭ, ф. 8043, оп. 11, д. 88, л. 45–46.
27. РГАЭ, ф. 8043, оп. 11, д. 90, л. 15.
28. РГАЭ, ф. 8043, оп. 11, д. 116, л. 140.
29. РГАЭ, ф. 8043, оп. 11, д. 85, л. 32; д. 63, л. 63; д. 76, л. 59–60; д. 90, л. 134; д. 97, л. 1.

снабжаемых контингентов руководящих работников, выделении дополнительных фондов и надбавок для краевого и областного актива[30].

Таким образом, в условиях карточного снабжения первой половины 30-х гг. происходило дальнейшее утверждение особого положения партийно-государственной номенклатуры. Начало формирования и оформления привилегий бюрократии, конечно, следует искать в более ранних периодах советской истории, но 30-е гг. стали важным этапом в этом процессе. Анализ архивных документов показывает, что лучшие условия снабжения, да и вообще быта, имел достаточно узкий слой партийной и государственной элиты. Она была вынуждена "делиться с товарищами по общему делу", положение которых в краях, областях, районах и городах представлялось не столь благополучным. В этот период происходит утверждение, "цементирование" и "стратифицирование" советской бюрократии, действительно правящего и привилегированного слоя. В последующее время система льгот и привилегий получила дальнейшее развитие и совершенствование. Она воспроизводилась и расширялась все новыми поколениями партийно-государственной номенклатуры и сохранилась до наших дней.

СНАБЖЕНИЕ КРАСНОЙ АРМИИ

Политика создания особого положения армии в советском обществе начала проводиться вместе с рождением первого пролетарского государства. Это и понятно. Шла война, в ходе которой решался вопрос: быть или не быть новому обществу. Уже тогда в годы гражданской войны карточная система и распределительная политика имели ярко выраженное классово-политическое содержание. Наряду с фабрично-заводскими и транспортными рабочими преимущества в снабжении отдавались красноармейцам и членам их семей[31].

---

30. Так, в Дальне—Восточном крае актив снабжался по нормам рабочих первого списка. Но для 6,2 тыс. человек (из 9 тыс.) предполагалось дополнительное снабжение. Оно включало муку, крупу, сахар, рыбу, мясо, масло, кондитерские изделия. Нормы для краевого, областного, городского и районного актива отличались (РГАЭ, ф. 8043, оп. 11, д. 31, л. 116, 126; д. 61, л. 192; д. 94, л. 21, д. 113, л. 129).

31. К декабрю 1919 г. существовало шесть разновидностей продовольственного пайка: классовый — для большей части рабочих; усиленный — для особо важных промышленных предприятий; особый — для рабочих топливодобывающей промышленности; красноармейский — для военных учреждений и медперсонала, занятого на эпидемиях; дополнительная рабочая карточка для Москвы и Петрограда, дополнительный паек для

Продовольственная разверстка, которая проводилась в годы гражданской войны, в первую очередь преследовала цель обеспечить рабочий класс и армию продовольствием[32].

В период гражданской войны сложилась жестко централизованная система снабжения армии. В 1919 г. все обеспечение Красной Армии продовольствием было сосредоточено в Наркомате продовольствия, где было создано специальное управление (Главснабпродарм). Была сформирована и система подчиненных ему органов снабжения в действующей армии. Во главе всех органов армейского снабжения стоял Чрезвычайный уполномоченный Совета Обороны по снабжению армии и флота – Чусоснабарм[33].

С окончанием гражданской войны и переходом к нэпу государство продолжало провозглашать все те же приоритеты в снабжении. И в условиях существования частной торговли сохранялось гарантированное централизованное снабжение рабочих государственных предприятий и армии. В 1922 г. был введен единый красноармейский паек[34]. Однако система снабжения армии была реорганизована. Государство было вынуждено отказаться от жесткой централизации в снабжении, которая сложилась в годы гражданской войны. Порядок снабжения был упрощен. Органы Чусоснабарма и Главснабпродарма были расформированы. Получила развитие система местных заготовок и закупок. Ответственность за заготовки и обеспечение армии возлагалась на центральные довольствующие управления.

Реорганизация снабжения была неизбежной, так как с отменой продразверстки социалистический сектор составлял в валовой продукции сельского хозяйства всего лишь 1,5 %[35]. Сложилась новая система снабжения, сочетавшая централизацию с децентрализацией и позволявшая использовать через рынок ресурсы частного сектора. В то время как обеспечение военно-техническим, артиллерийским, вещевым имуществом производилось централизованно, продовольственно-фуражное снабжение осуществлялось самими войсковыми частями. Им

железнодорожников и водников. См.: Киселев А. Ф. Профсоюзы и Советское государство. (Дискуссии 1917–1920 гг.) М., 1991. С. 128.

32. Особую роль в обеспечении армии играли фронтовые особые продовольственные комиссии (опродкомы). По их нарядам военно-продовольственные органы реквизировали продукты и фураж в прифронтовой зоне.

33. См.: Развитие тыла Советских Вооруженных Сил. 1918 – 1988. М., 1989. С. 46–47

34. См.: Тыл Советской Армии. М., 1968. С. 55–58. Развитие тыла Советских Вооруженных Сил. 1918 – 1988. С. 67–69.

35. См.: Народное хозяйство СССР: Статистический сборник. М., 1956. С. 37.

было предоставлено право проводить самостоятельные заготовки. Для этих целей государство выделяло денежные средства – приварочные и фуражные оклады[36]. Децентрализация снабжения дала возможность более широко использовать местные ресурсы и стимулировать инициативу хозяйственников, удешевила систему снабжения за счет сокращения расходов на заготовку, хранение и перевозку продовольствия.

В конце 20-х годов сталинское руководство взяло курс на перевооружение армии и флота новейшими образцами военной техники, модернизацию старой техники, совершенствование новых родов войск. Ставились задачи моторизации и организационной перестройки пехоты, артиллерии, кавалерии, осуществления массовой подготовки технических кадров и овладения новой техникой[37]. В числе прочих была поставлена задача совершенствования материально-технической базы продовольственной службы[38].

Техническое переоснащение армии и численный рост ее состава требовали дополнительных средств на ее содержание, в том числе и увеличение расходов на ее снабжение. В условиях свертывания нэпа, обострения товарного дефицита и продовольственного кризиса политика переоснащения армии была фактором, осложнявшим общую ситуацию в стране и обострявшим кризисное состояние экономики. Для реализации этого военного курса требовалось перераспределение средств между отраслями хозяйства, связанное с ужесточением централизации и усилением административных рычагов управления экономикой[39]. Курс на военное строительство ставил перед молодой

---

36. Под приварочным окладом понималась стоимость продуктов приварочного довольствия, входивших в красноармейский паек: мяса, рыбы, жиров, картофеля, овощей, специй. Приварочные и фуражные оклады были введены приказом РВС в 1925 г.

37. ЦК ВКП (б) 15 июля 1929 г. принял постановление ”О состоянии обороны СССР”, в котором ставились эти задачи. На основе этого постановления РВС СССР в июне 1930 г. утвердил план строительства Красной Армии. См.: Развитие тыла Советских Вооруженных Сил. С. 78.

38. В первые годы развития и становления органов тыла в войсковом звене подвоз материальных средств осуществлялся в основном с помощью гужевого транспорта. В начале 30-х годов появились подвижные технические средства по всем службам тыла (грузовые автомобили, автобусы, полевые автохлебозаводы и мастерские, подвижные хлебопекарни, мельничные установки, полевые мясокомбинаты и пр.). См.: В годы индустриализации // Тыл Вооруженных Сил. 1987. N 7. С. 20 – 23.

39. Процессы централизации и разбухания управленческого аппарата в армии были частью процессов, идущих в обществе. В середине 30-х годов децентрализованное обеспечение войск в мирное время было отменено.

социалистической промышленностью новые задачи и вел к "подхлестыванию" индустриализации.

В этой связи можно под другим углом зрения посмотреть на коллективизацию крестьянского хозяйства. В годы нэпа основным поставщиком продовольствия и фуража для армии был частный сектор. Принятый в конце 20-х – начале 30-х годов курс на строительство армии требовал увеличения продовольственного и фуражного снабжения. В то же время кризисы государственных заготовок грозили срывом этого курса. Обобществление же крестьянского хозяйства давало государству возможность выкачивать из деревни необходимые средства для проведения сталинской военной политики. Этой цели были подчинены рост объемов государственных заготовок, часть которых шла на обеспечение армии. Не случайно в литературе, посвященной военному снабжению, есть утверждения, что "развертывание колхозного строительства позволило улучшить продовольственные пайки в армии"[40]. Кроме того, в колхозах и совхозах создавались специальные фонды, такие как "обороне – коня", а в середине 30-х гг. – фонд "обороне – повозка с упряжью".

Карточная система 1928/29–1935 гг. была одним из средств перераспределения продовольственных ресурсов в условиях технического переоснащения армии и увеличения ее численности. Одной из задач карточного распределения было поддержание стабильного и достаточного снабжения личного состава Красной Армии и Флота, а также тех групп, которые были приравнены к категории "военных потребителей". Таким образом, в 30-е гг., в условиях мирного времени, правительство не отказалось от военно-классовой системы снабжения. Более того, она получила новое звучание и дальнейшее развитие. Наряду с осуществлением политики индустриализации и существовавшими в этой связи приоритетами в снабжении в обстановке подготовки к войне особая роль отводилась армии. Кроме того, армия призвана была поддержать сталинский курс внутри страны. Вследствие этого военнослужащие были одной из немногих групп населения, нормы снабжения которых оставались относительно стабильными и высокими на всем протяжении карточного распределения.

До середины 30-х годов вопросами снабжения армии занималось Военно-хозяйственное управление, которое имело разветвленную сеть подчиненных органов. В составе Наркомата снабжения СССР

---

40. Тыл Советской Армии. С.63; Развитие тыла Советских Вооруженных Сил. С. 80.

существовал сектор мобилизации и обороны, а с 1932 г. – Главное мобилизационно-оборонное управление, которые также по согласованию с военными инстанциями занимались вопросами снабжения армии и флота[41].

В период карточной системы личный состав Красной Армии и Флота снабжался по нормам красноармейского пайка. Он был лучше по ассортименту и при этом дешевле, чем рабочий паек, имел более высокую калорийность[42]. В 1930 г. в соответствии с красноармейским пайком в сутки полагалось 1 кг хлеба, 150 г крупы, 700 г овощей, 250 г мяса, 50 г жиров, 35 г сахара, 50 г чая в месяц. В 1930 г. стоимость красноармейского пайка по кооперативным ценам составляла 17 руб. 14 коп., по ценам Военно-хозяйственного управления – 12 руб. 45 коп. Стоимость рабочего пайка в это же время была 13 руб. 97 коп.[43]. В период военных лагерей и маневров устанавливались дополнительные нормы снабжения. В соответствии с ними красноармейцы получали 100 г белого хлеба, по 200 г сахара, кондитерских изделий и рыбы[44].

Несмотря на продовольственные трудности, нормы красноармейского пайка не снижались в период карточного снабжения (за исключением мясных). Стабильность и надежность обеспечивались во многом тем, что снабжение осуществлялось со специальных военно-

41. В середине 30-х годов после отмены карточек структура органов снабжения была реорганизована. По постановлению СНК СССР и ЦК ВКП (б) от 9 августа 1935 г. "О состоянии обозно-вещевого и продовольственного снабжения Красной Армии и Флота" из Военно-хозяйственного управления были выделены Управление продовольственного снабжения и Управление обозно-вещевого снабжения, созданы соответствующие подразделения в войсках. Была реорганизована и система гражданских органов, занимавшихся военным снабжением. После создания Народного комиссариата внутренней торговли в его системе было создано Центральное государственное объединение военной торговли и обслуживания производственно-бытовых нужд Красной Армии и Флота (Центровоенторг). В 1938 г. оно было реорганизовано в Главвоенторг. Вместе с реорганизацией системы снабжения в середине 30-х годов был ужесточен порядок организации снабжения, а также учета и отчетности в расходовании продуктов. Подробнее об этом см.: Развитие тыла Советских Вооруженных Сил. С. 80–83; Тыл Советской Армии. С. 65–66; Тыл Советских Вооруженных Сил в Великой Отечественной войне. М., 1977. С. 60–61.

42. Калорийность красноармейского пайка постоянно возрастала. В 1922 г. пищевая ценность красноармейского пайка составляла 3205 калорий, в 1923 г. – 3221, в 1930 г.– 3609 (калорийность рабочего пайка в это время равнялась 2868 калориям), в 1931 г. – 3691, в 1934 г. – 3718. С особой гордостью подчеркивалось, что такой калорийности продовольственного солдатского пайка к этому времени не имела ни одна армия в мире. См.: Тыл Советской Армии. С. 57, 63; РГАЭ, ф. 8043, оп. 11, д. 2б, л. 24.

43. РГАЭ, ф. 8043, оп. 11, д. 2б, л. 24.

44. РГАЭ, ф. 8043, оп. 11, д. 31, л. 78.

продовольственных складов , подкреплялось созданием максимальных резервов продуктов, первоочередными и льготными поставками государственных и кооперативных организаций, а также выделением дополнительных фондов снабжения. В случае угрозы перебоев в снабжении РККА предоставлялось право "заимствовать" товары из общегражданских фондов, использовать близлежащие государственные и кооперативные торговые организации[45].

Снабжение Вооруженных Сил осуществлялось по льготным ценам. Расчеты за гражданскую продукцию по заказам военмора, поставляемую промышленностью или торговыми организациями, производились по оптовым ценам промышленности или по прейскурантам торговых организаций минус налог с оборота. Прибыль промышленных и торговых предприятий при этом не должна была превышать 3%. Расчеты за сельскохозяйственную продукцию, сдаваемую военмору без промышленной переработки, производились на основании заготовительных цен плюс минимальные накладные расходы, которые определял Комитет товарных фондов. Цены на продукцию устанавливались сроком на год и не могли быть изменены без специального постановления Совета Труда и Обороны[46].

Кроме личного состава армии и флота, по нормам красноармейского пайка снабжались учащиеся и преподавательский состав военизированных институтов, таможенные работники в пограничных районах[47].

В 1930 г. специальным постановлением в категорию военных потребителей были включены части военизированной охраны промышленности (ВОХР) ВСНХ. До этого они снабжались по нормам рабочих. Основанием к изменению снабжения послужило то, что стрелки ВОХР, набиравшиеся из бывших красноармейцев, попадали при этом в худшие условия снабжения, что, как считали власти, могло отразиться на политико-моральном состоянии охраны[48].

До октября 1930 г. сотрудники ОГПУ снабжались продовольствием наравне со всем населением, т.е. на общегражданских основаниях. Красноармейский паек получали только войска ОГПУ. После обращения руководства Объединенного государственного политического

45. РГАЭ, ф. 8043, оп. 11, д. 26, л. 22; д. 18, л. 13; д. 29, л. 79; д. 61, л. 139; д. 109, л. 31; д. 113, л. 62; ф. 1562, оп. 329, д. 30, л. 25, 72.

46. РГАЭ, ф. 8043, оп. 11, д. 29, л. 79.

47. РГАЭ, ф. 8043, оп. 11, д. 50, л. 120; д. 113, л. 141.

48. РГАЭ, ф. 8043, оп. 11, д. 26, л. 22.

управления в Совет Труда и Обороны СССР сотрудники ОГПУ были уравнены в снабжении с военными. На них были распространены все льготы по нормам, ценам, использованию спецскладов и пр., установленные для армии[49].

Красноармейский паек полагался также учащимся школ и курсов милиции. В то же самое время снабжение работников милиции и уголовного розыска производилось по нормам рабочих того списка, к которому относился город, где они работали. В сельских местностях они снабжались по нормам рабочих третьего списка. В действительности снабжение большей части этой группы населения в период существования карточной системы было нерегулярным и плохим. Вследствие этого в 1933 г. появился ряд секретных постановлений о снабжении и льготах для рабоче - крестьянской милиции[50]. Они предусматривали повышение норм снабжения, расширение контингентов, выделение дополнительных фондов, развитие санаторно-курортной помощи. Сельская милиция была переведена из третьего во второй список снабжения.

Кроме красноармейского, существовало много других видов военных пайков, которые образовывали сложную систему градаций. В 1933 г. Наркомат снабжения передал на утверждение Совета Труда и Обороны пересмотренные нормы продовольственного снабжения армии. В соответствии с ними устанавливалось три основных вида пайка: усиленный, госпитальный и санаторный[51].

Усиленный паек заменил морской, курсантский, подводный, паек для мотомехчастей и пр. Он предназначался для плавающего состава Военно–Морского Флота, курсантского состава школ и академий, участников всесоюзных военных состязаний и др. Усиленный паек превосходил красноармейский по нормам мяса, жиров, сахара, включал фрукты и кофе. Госпитальный и санаторный пайки сменили 10 норм военных лечебных заведений и санаториев. Эти пайки дополнительно включали молочно-кислые продукты, яйца, клюкву. Кроме основных видов пайков, существовало дополнительное довольствие: праздничный

49. РГАЭ, ф. 8043, оп. 11, д. 2б, л. 19.

50. РГАЭ, ф. 8043, оп. 11, д. 31, л. 124; д. 52, л. 315. В 1933 г. для снабжения работников милиции были определены следующие нормы: 1–2 кг мяса, 400 г растительного масла в месяц, 400 г животного масла в 2 месяца. Особые нормы устанавливались для снабжения конвойных частей милиции (РГАЭ, ф. 8043, оп. 11, д. 60, л. 190; д. 66, л. 2).

51. РГАЭ, ф. 8043, оп. 11, д. 108, л. 168–184.

паек, противоцинговый, полярный, диетический летсостава, для подлодок и водолазов, полярный, для береговых частей, войск караульной службы и пр.

Пересмотр норм снабжения армии и флота привел к конфликту между Наркомснабом и Военмором. Ворошилов не был согласен с разработками Микояна. Он считал, что это ухудшает питание военных. Однако предложенные Наркомснабом нормы были утверждены. Эти виды пайков просуществовали без особых изменений до Великой Отечественной войны[52].

При относительной стабильности обеспечения "военных потребителей" нельзя, однако, утверждать, что трудности в снабжении, которые испытывало советское общество в первой половине 30-х годов, не коснулись армии и военных объектов. Срывы поставок и перебои в военном снабжении были, но ликвидировались в первую очередь[53].

Наиболее трудно осуществлялось мясоснабжение. Армия, как и все общество, на себе испытала последствия массового убоя скота в деревне и последующие трудности скотозаготовок[54]. Правительство не смогло выдержать установленных норм снабжения мясом и вынуждено было неоднократно снижать их. В конце 1932 г. суточная норма мяса по красноармейскому пайку была снижена с 250 до 200 г, а в 1933 г. – до 175 г. Однако по сравнению с другими группами населения нормы централизованного снабжения армии мясом оставались высокими (4–5 кг в месяц).

Рассказывая о снабжении армии, необходимо особо остановиться на положении начальствующего состава, который представлял

---

52. Накануне войны, 1 июня 1941 г., были введены новые нормы продовольственного снабжения личного состава Советской Армии. Устанавливалось 9 видов пайков для военнослужащих, в том числе сухой и вегетарианский. См.: Тыл Советских Вооруженных Сил в Великой Отечественной войне. М., 1977. С. 64.

53. РГАЭ, ф. 8043, оп. 11, д. 14, л. 11, 14; д. 50, л. 166; д. 111, л. 19. В одном из писем Ворошилов сообщает о тяжелом положении с продовольственным снабжением на Ковровском пулеметном заводе. Как и все остальное население, рабочие и военные на этом заводе в полной мере ощутили на себе "почти полное отсутствие в городе продовольствия и предметов первой необходимости". Однако после письма Ворошилова завод был переведен в первый список снабжения, и положение улучшилось (РГАЭ, ф. 8043, оп. 11, д. 14, л. 14).

54. Снижение мясных норм должно было быть компенсировано за счет развития хозяйственной деятельности в частях РККА по свиноводству и кролиководству. И здесь, как и в отношении рабочих и крестьян, правительство придерживалось принципа: "Спасение утопающих – дело рук самих утопающих" (РГАЭ, ф. 8043, оп. 11, д. 45, л. 62; д. 48, л. 195; д. 49, л. 2; д. 108, л. 168).

привилегированную группу в снабжении. Постановлениями ЦК ВКП (б), СНК СССР и Наркомснаба СССР начальствующий состав Красной Армии и Флота, войск ОГПУ, военизированной охраны промышленности (ВОХР), конвойной стражи СССР (от 3-й категории и выше) должен был снабжаться по нормам индустриальных рабочих особого списка. (Члены их семей – по нормам прочих трудящихся особого списка). Фактически они снабжались значительно лучше. Нормы централизованного снабжения для начсостава были установлены следующие: 800 г хлеба в день; 3 кг крупы, 1,5 кг сахара, 4,4 кг мяса, 400 г жиров и 10 штук яиц, 2,5 кг сельди, 600 г растительного масла в месяц; 75 г чая в квартал.

На период лагерных сборов полагалось специальное добавочное снабжение: 200 г белого хлеба в день; 1.8 кг крупы, 400 г сахара, 1 кг мяса, 240 г жиров, 200 г сельдей, 600 г кондитерских изделий, 2 банки консервов, 125 штук папирос в месяц.

Более высокими были и нормы в общепите. Предписывалось создать разветвленную сеть столовых, выделять особые фонды продовольствия для "полного охвата общественным питанием" начальствующего состава и членов их семей. Снабжение должно было производиться через закрытые военные кооперативы и распределители начсостава, которые приравнивались к закрытым рабочим кооперативам городов особого списка[55].

Любая попытка снижения норм снабжения военных, особенно начсостава, вызывала немедленное сопротивление со стороны наркома Ворошилова. Так, в 1930 г. Наркомат торговли попытался перевести закрытые столовые для начальствующего состава РККА в Москве с ежедневных мясных обедов на 15 мясных и 15 рыбных дней в месяц, а также снизить мясную норму в общепите до 150 г в в день. Ворошилов написал письмо Микояну и отстоял привилегии военных[56].

Постановлениями правительства предусматривалось также улучшение материально-бытового положения начальствующего состава армии и флота, а также приравненных к ним. Предписывалось открыть специальные ремонтно-пошивочные мастерские при закрытых военных кооперативах и распределителях, организовать сеть культурнобытовых учреждений (детские сады, ясли, школы-интернаты и пр.), специальных домов отдыха и санаториев. Указано было даже на

55. РГАЭ, ф. 8043, оп. 11, д. 18, л. 152, 166–169; д. 31, л. 78; д. 36, л. 89.
56. РГАЭ, ф. 8043, оп. 11, д. 14, л. 8.

выделение льготных мест в кинотеатрах, "с тем, чтобы каждый командир имел возможность бывать в театре 1–2 раза в месяц". Постановления предусматривали и повышение денежного содержания командиров[57].

Особое внимание уделялось вопросам жилищного строительства. Местные исполкомы должны были окончательно ликвидировать "бесквартирность" начальствующего состава, выделив вне очереди недостающую жилплощадь из общего жилищного фонда. Жилищное строительство домов начсостава приравнивалось к ударным стройкам. Была поставлена задача за 2–3 года решить жилищный вопрос и обеспечить начсостав квартирами из расчета 20 кв. м на семью. Те лица, которые уходили из рядов РККА, должны были в трехмесячный срок освободить квартиры в домах военведа, что также было одним из способов решения жилищного вопроса для военных. Однако, судя по тому, что постановления такого рода повторялись из года в год, задача улучшения материально-бытового положения военных решалась недостаточно эффективно и быстро.

В 30-е годы получила дальнейшее развитие система льгот для военнослужащих. Кроме особого положения в сфере снабжения, они имели льготы по налогам и сборам, в здравоохранении, образовании, по выплате денежных пособий, в санаторно-курортном лечении, жилищные льготы и пр.[58] Следует более подробно остановиться на характеристике социальных льгот военнослужащих.

Льготы по налогам и сборам. Военнослужащие кадрового командного и начальствующего состава, кадрового младшего командного и начальствующего состава срочной и сверхсрочной службы и кадрового рядового состава срочной и сверхсрочной службы освобождались от обложения подоходным налогом и сбором на нужды жилищного и культурно-бытового строительства. Они освобождались также от государственных пошлин при оформлении доверенностей, при подаче жалоб, обращений и пр.; от грузового сбора при перевозке собственного имущества; от налога со строений; от ренты на

---

57. В 1932 г. денежное содержание комвзвода было повышено до 140 руб., комроты – до 170 (было 140), комбата – до 190 (было 150), комполка – до 250 (было 195), комдива – до 275 (было 250), комкорпуса – до 300 руб. (было 275 руб.) (РГАЭ, ф. 8043, оп. 11, д. 18, л. 169). С 1934 по 1938 г. оклады для всего командного, политического и прочего начальствующего состава возросли на 286%. См.: Тыл Советской Армии. С. 68.

58. См.: Законодательство об обороне СССР. М.: Воениздат, 1939. С. 94–196, 231–244; РГАЭ, ф. 8043, оп. 11, д. 44, л. 244; д. 60, л. 155–157.

используемые земельные участки; от налога на транспортные средства и налога со скота.

Льготы в области труда и социального страхования. Поступающие на действительную военную службу получали единовременное пособие в размере среднего заработка за 12 рабочих дней; поступающие в военные школы – пособие в размере средней месячной зарплаты. Военнослужащим кадрового начальствующего состава и рядового состава сверхсрочной службы, уволенным в долгосрочный отпуск, в запас или вовсе со службы, в стаж работы по найму, необходимый для получения пенсий, засчитывалась военная служба в РККА.

Военнослужащие имели право на получение денежных пособий на лечение и восстановление здоровья. (Особые льготы предназначались для служащих в отдаленных местностях СССР). Кроме того, им полагались пенсии и пособия: по инвалидности, за выслугу в Рабоче–Крестьянской Красной Армии, по случаю рождения ребенка, потери кормильца, выходное пособие и пр. В связи с отменой карточной системы были введены денежные надбавки для начальствующего состава.

Жилищные льготы. За военнослужащими кадрового рядового состава срочной службы в течение первых трех месяцев сохранялась жилая площадь, которую они занимали до поступления на службу. По возвращении со службы эти военнослужащие имели право вернуть себе квартиру или комнату, которую они занимали ранее. Лица, в это время проживающие там, должны были освободить жилплощадь в двухнедельный срок.

Военнослужащие кадрового начальствующего состава имели право на первоочередное получение жилой площади по сравнению с другими жильцами того же дома в случае освобождения в нем квартиры или комнаты. Квартирная плата взималась по льготным ставкам. Военнослужащие кадрового начальствующего состава, а также преподаватели военно-учебных заведений имели право на дополнительную жилую площадь.

Органам Наркомата по военным и морским делам предоставлялось право выселять в административном порядке во всякое время года из принадлежащих им домов всех лиц, не состоящих в рядах РККА. Устанавливался такой порядок использования жилого фонда, при котором квартиры закреплялись за определенными должностями, а не за отдельными военнослужащими.

Льготы в области здравоохранения. Военнослужащие кадрового рядового и начальствующего состава и члены их семей пользовались бесплатно лечением в санаториях РККА. В гражданских санаториях они отдыхали на льготных условиях.

Для поступающих в военно-учебные заведения РККА также были установлены льготы: дополнительное денежное довольствие для них самих и их семей, сохранение прав на жилье в постоянных местах жительства, снабжение по нормам промышленных рабочих и прикрепление к закрытым рабочим кооперативам.

Развивая систему социальных льгот и привилегий военнослужащих, сталинское руководство стремилось не только укрепить престиж армии и привлечь в нее людей, но и создать в армии надежную опору режиму. (Военнослужащие, обвиненные в нарушении законов и приговоренные к тюремному заключению, высылке или ссылке, лишались социальных льгот). За предоставленные льготы от красноармейцев ожидали поддержки внутреннего политического курса и активного участия "в социалистическом строительстве". Примеров подобного участия множество. Речь пойдет об одном из них – использовании армии "в решении продовольственных задач", а точнее, о создании красноармейских колхозов и совхозов.

С конца 20-х годов сталинское руководство старалось активно использовать военнослужащих в колхозном строительстве. Они должны были выполнять роль организаторов колхозного движения, пополнять существующие колхозы, совхозы, МТС в качестве руководящих работников, трактористов, механизаторов, животноводов и пр.

С начала 30-х годов широко практиковалось создание красноармейских колхозов и совхозов. (Число военнослужащих в них должно было быть не меньше половины трудоспособных мужчин). Развернулась кампания по массовому переселению демобилизованных красноармейцев и младшего комсостава. Демобилизованные с семьями расселялись в отдаленных и плохо освоенных частях страны (Дальний Восток, Казахстан и пр.)[59]

---

59. Более подробно о переселении бывших воинов в сельскохозяйственные районы СССР см.: Климович А. Т. Роль парторганизаций и политорганов Красной Армии в подготовке кадров для социалистического строительства (1926–1938 гг.): Диссертация на соискание ученой степени кандидата исторических наук. Львов: Львовский государственный университет им. И. Франко, 1989. С. 117–142.

Переселенческая работа осуществлялась Политическим управлением РККА, Всесоюзным переселенческим комитетом и Колхозцентром. (Там была введена должность инструктора по переселенческой работе). Для заселения красноармейских колхозов для РККА устанавливались задания и разнарядки по вербовке уволенных красноармейцев, т. е. формировался "план красноармейского переселения". При вербовке отбирались наиболее достойные, в первую очередь коммунисты и комсомольцы.

Для того чтобы заинтересовать людей, была разработана система льгот. Для красноармейских переселенческих колхозов выделялись наиболее удобные земли в необходимом количестве. Им выдавались более высокие ссуды на хозяйственное устройство (выше на 15% по сравнению с другими переселенческими колхозами). Красноармейские хозяйства в первую очередь обслуживались тракторами, сельхозмашинами, агрономическим и техничесим персоналом, минеральными удобрениями и пр. Они освобождались на начальный период от ряда сборов, налогов. Для них существовали сниженные размеры поставок продукции государству.

С 1931 г. появляются новые тенденции в переселенческой политике. Особое значение начали отводить созданию красноармейских колхозов в пограничной полосе (Ленинградская обл., Западная обл., Карельская АССР, Дальний Восток, Таджикистан). Они должны были выполнять как хозяйственные, так и оборонные задачи: быть образцовыми колхозами и оказывать содействие в укреплении советской границы.

Чрезвычайно большой интерес в этой связи представляют данные о создании на Дальнем Востоке Особого колхозного корпуса. Вначале в целях заселения приграничных районов ДВК красноармейцами, отбывшими срок службы, и укрепления границы на наиболее важных направлениях – Никольско–Уссурийском, в устье реки Сунгари и Даурия было сформировано 3 кадровых полка. Срок службы был установлен 2 года. Но при этом красноармеец полгода обучался в части, остальной срок работал в колхозе, избранном для жизни после увольнения из полка.

Однако кадров, осевших на постоянное место жительства, было явно недостаточно. Поэтому в марте 1932 г. в Хабаровске был сформирован Особый колхозный корпус общей численностью до 60 тыс. человек. Его задачами было как укрепление обороноспособности края , так и экономическое развитие. Под ним понималось создание колхозов и закрепление кадров. Построение колхозов производилось по принципу колхоз – батальон. Корпусу были выделены все необходимые ресурсы: деньги, семена, скот, машины. Посевная площадь, которую обрабатывал корпус, равнялась 100 тыс. га. Укомплектование корпуса проводилось призывами. (В апреле 1932 г. было призвано 50 тыс. чел. из перенаселенных областей).

В корпусе осуществлялась военная подготовка (в соответствии с программами войсковых школ РККА) и в то же самое время подготовка трактористов, полеводов, огородников, животноводов. По истечении двухлетнего срока службы каждый красноармеец имел право при обязательстве остаться по истечении действительной военной службы в колхозе выписать к себе семью с перевозкой за счет государства и жить с семьей. Для передовиков разрешалось выписать семью уже через год. Прибывшие семьи принимались на службу в батальон – колхоз, получая жалованье и паек.

Воины, которые желали остаться в ДВК, объединялись в колхозы. В сентябре 1934 г. были созданы первые два хозяйства корпуса, названные именами С. М. Кирова и М. В. Калмыкова. (Последний был командиром Особого колхозного корпуса). Они перешли в систему колхозов края. В результате работы Особого колхозного корпуса в крае осело 120 тыс. колхозников из демобилизованных воинов[60].

Политика создания красноармейских колхозов была продолжена и в 1932–1934 гг. Однако они начинают выполнять несколько иные функции. До этого времени главными задачами, в решении которых участвовала армия, были: помощь в проведении коллективизации в деревне, пополнение колхозов надежными с точки зрения сталинского режима партийными и комсомольскими кадрами, освоение отдаленных земель и решение там продовольственных и кадровых проблем. Теперь же красноармейские колхозы должны были заполнить "бреши" в наиболее развитых сельскохозяйственных регионах страны, которые образовались в результате репрессий, сопровождавших государственные хлебозаготовки. Аресты руководителей и простых колхозников, поголовное выселение сел и станиц привели к тому, что целые районы оказались без рабочих рук, земли не обрабатывались и приходили в запустение.

60. См.: Климович А. Т. Роль парторганизаций и политорганов Красной Армии в подготовке кадров для социалистического строительства (1926–1938 гг.). С. 134–140.

В сложившейся обстановке сталинское руководство широко практиковало заселение обезлюдивших сельских районов Северного Кавказа, Кубани и др. демобилизованными воинами. Была составлена разверстка на вербовку красноармейцев по военным округам. Масштабы переселения были очень большие. (Ведь огромными были и масштабы репрессий в этих регионах). Так, для переселения на Северный Кавказ в 1933 г. было завербовано около 43 тыс. человек; для переселения в Азово—Черноморский край в 1934 г. – более 50 тыс. красноармейцев с семьями[61].

Кампании по массовому переселению демобилизованных красноармейцев в сельскохозяйственные районы страны продолжались до 1938 г. Их прекращение было связано с усложнением международной обстановки и необходимостью вследствие этого уделять больше внимания вопросам боевой подготовки. В связи с этим в 1936 г. был переформирован и Особый колхозный корпус на Дальнем Востоке. Большинство его частей стали заниматься исключительно вопросами укрепления обороноспособности края.

Таким образом, в первой половине 30-х годов армия показала себя надежной опорой политики, проводимой Сталиным в деревне. Красноармейцы активно участвовали в осуществлении насильственной коллективизации, хотя подавляющее их большинство сами были выходцами из крестьян. Армия активно использовалась для решения хозяйственных задач в отдаленных и приграничных областях. В этой связи уместно было бы поставить вопрос о том, как это сказалось на качестве военной подготовки красноармейцев. Что касается создания красноармейских колхозов и совхозов в местах массового выселения крестьянства, то эффективность этой политики легко может быть поставлена под сомнение. Сталинское руководство выселяло целые села и станицы за невыполнение планов госзаготовок, разрушая крепкие хозяйства и налаженный веками уклад жизни. Вместо хлеборобов, хорошо знающих свое дело и местные условия, оно заселяло эти регионы новоселами, которым еще предстояло приспособиться к условиям местной жизни и освоить сельский быт. Не случайно сталинское руководство вынуждено было предоставить льготы красноармейским колхозам. Более того, оно согласилось снизить для них объемы госзаготовок. Таким образом, то, за что репрессировали

61. См.: Климович А. Т. Роль парторганизаций и политорганов Красной Армии в подготовке кадров для социалистического строительства (1926–1938 гг.).

крестьян, разрешали красноармейским колхозам. Это еще один из образцов "доктринальной заданности" принципов внутренней политики сталинского государства.

Кроме вопросов снабжения Рабоче–Крестьянской Красной Армии и Флота, Наркомснаб решал задачи, связанные с подготовкой к войне[62]. Речь идет о создании мобилизационных фондов и планов, а также разработке принципов снабжения населения на первый месяц войны. Эта деятельность особенно активизировалась с конца 20-х – в начале 30-х гг.[63]

Срок действия мобилизационных планов был 1 год. По его истечении управление разрабатывало новый. В соответствии с этими планами на первый месяц мобилизации для всех категорий населения, специальных и целевых назначений, закрытых учреждений сохранялось плановое продовольственное снабжение мирного времени. Однако нормы снабжения могли быть понижены.

С объявлением мобилизации Наркомснаб должен был принять на централизованное снабжение вновь возникающие категории населения: военнопленных, эвакуированных, беженцев и пр. В мобилизационных планах указывались нормы снабжения этих групп. Наиболее высокими среди них были нормы снабжения военнопленных. (Возможно, потому, что их предполагалось использовать на трудоемких работах). Военнопленным полагалось в день 800 г хлеба, по 30 г жиров и сахара, 500 г овощей, 50 г крупы, 150 г мяса или рыбы, а также кусок мыла в месяц.

Раненые должны были обеспечиваться по нормам соответствующих военных санитарных учреждений. Для беженцев и эвакуированных дневные нормы соответственно составили 400 и 500 г хлеба, 30 и 50 г

---

62. В Главном мобилизационно-оборонном управлении Наркомснаба существовали следующие сектора (они дают представление о направлениях деятельности этого управления): сектор обеспечения РККА, сектор текущего военного снабжения, сводно-плановый промышленный сектор, сектор снабжения населения и транспорта, организационно-инспекторский и ПВО (РГАЭ, ф. 8043, оп. 11, д. 51, л. 44).

63. Сектор мобилизации и обороны в апреле 1932 г. был преобразован в Главное мобилизационно-оборонное управление. Росло число "военных" постановлений (о производстве реквизиций для нужд войны, о трудовой мобилизации и трудовой повинности во время войны, о правах и обязанностях рабочих и служащих в военное время и пр.) Были повышены нормы снабжения некоторых категорий "военных потребителей", например тылоополченцев (РГАЭ, ф. 8043, оп. 11, д. 50, л. 207; д. 82, л. 50, 54; д. 107, л. 178).

крупы, 75 и 100 г рыбы, а также сахар[64]. Граждане, которые оставляли места жительства самовольно, "невывозимые в распорядительном порядке", на централизованное снабжение не принимались. Таким образом, как обычно, государство стремилось контролировать все процессы, идущие в обществе, не принимая во внимание судьбы конкретных людей.

В соответствии с мобилизационными планами Наркомат снабжения СССР создавал продовольственные запасы, позволяющие обеспечить потребности войск в пограничных и внутренних военных округах на первые месяцы ведения войны. Особенно активно эта работа развернулась во второй половине 30-х гг. Однако, несмотря на то, что к концу 1937 года были созданы необходимые запасы, в связи с количественным ростом Советской Армии и ухудшением международного положения был утвержден новый план накопления запасов для обеспечения войск продовольствием и фуражом в военное время.

К началу войны общие запасы продовольствия и фуража были созданы почти полностью в размерах, предусмотренных мобилизационным планом и обеспечивающих четырехмесячную потребность армии.

Для размещения создаваемых мобилизационных запасов продовольствия и фуража началось строительство ряда новых баз большой емкости. К началу войны их строительство было выполнено на 40 – 50%[65].

Таким образом, вопросы снабжения Рабоче – Крестьянской Красной Армии и Флота занимали важное место в распределительной политике сталинского правительства. Относительно стабильное снабжение армии обеспечивалось за счет усилий всего общества. Более того, реализация планов переоснащения армии и курс на увеличение ее численности были факторами, обострявшими социально-экономическую и политическую обстановку в стране. Негативные процессы, идущие в армии (жесткая централизация, разрастание управленческого аппарата, обюрокрачивание), были составной частью процессов, идущих в обществе.

---

64. Нормы указаны в соответствии с мобилизационным планом на 1934/35 г. В разные годы нормы, устанавливаемые в мобилизационных планах, незначительно колебались (РГАЭ, ф. 8043, оп. 11, д. 30, л. 96–99; д. 51, л. 1–2, 15–26, 30, 44; д. 82, л. 43; д. 114, л. 20).

65. См.: Тыл Советских Вооруженных Сил в Великой Отечественной войне. С. 61–62.

В период существования карточной системы положение "военных потребителей" было лучше, чем снабжение рабочих, в том числе и индустриальных. 30-е годы представляют очередной этап в оформлении льгот военнослужащих и укреплении особого положения армии в обществе. Но среди военных существовала своя элита, которая по льготам и привилегиям ничуть не уступала партийно-государственной. Со всем основанием можно говорить о партийной, государственной и военной бюрократии, которая составляла правящий и истинно привилегированный слой в советском обществе.

Политика создания особого положения армии в обществе преследовала не только цели повышения обороноспособности страны и подготовки к войне. Система льгот и привилегий должна была формировать в войсках лояльное отношение к режиму. Сталинское руководство тем самым стремилось создать надежную опору всем своим начинаниям. И оно достигло этого: в 30-е годы армия активно участвовала в осуществлении выбранного социально-экономического и политического курса.

СНАБЖЕНИЕ ИНОСТРАННЫХ СПЕЦИАЛИСТОВ И РАБОЧИХ

Иностранные специалисты и рабочие, приехавшие работать в СССР, представляли тот слой, для которого руководство страны старалось создать хорошие условия труда и быта. Вопросами их снабжения занимался Инснаб – специальная контора Государственного объединения розничной торговли. В конце 1932 г. Инснаб был передан Торгсину Наркомата внешней торговли СССР[66]. В соответствии с установленным порядком централизованно снабжались продовольствием и товарами те иностранцы, которые были приглашены советскими властями на работу в СССР. По истечении срока приглашения они продолжали снабжаться в том случае, если администрация предприятия, где они работали, продлевала с ними контракт. Те, кто приезжал работать в СССР по личному желанию, обеспечивались товарами и продовольствием полгода. После этого срока централизованное снабжение сохранялось только для высококвалифицированных специалистов по указанию администрации[67].

66. РГАЭ, ф. 8043, оп. 1, д. 97, л. 120; оп. 11, д. 50, л. 27.
67. РГАЭ, ф. 8043, оп. 1, д. 97, л. 107.

На концессионных предприятиях все рабочие и служащие с семьями снабжались самими концессионерами. Продукты и товары могли ввозиться из-за границы, за что уплачивались пошлины. В условиях трудностей со снабжением власти в СССР шли на снижение пошлин. Положение рабочих на концессионных предприятиях было лучше, чем на государственных неконцессионных[68].

Правительство СССР в своих постановлениях стремилось обеспечить иностранцам хорошее снабжение, гарантировать довольно высокий уровень потребления (по сравнению с условиями питания остального населения). До мая 1931 г. вообще не существовало норм снабжения для иностранных специалистов и рабочих, отпуск товаров для них не должен был ничем ограничиваться. Однако трудности продовольственного снабжения потребовали регламентации потребления этой группы населения, и весной 1931 г. Наркомснаб начал разработку специальных постановлений. В соответствии с ними для снабжения иностранных специалистов и рабочих должны были быть открыты отдельные магазины, снабжение должно было быть бесперебойным. Были установлены ассортимент и нормы снабжения. В связи с введением нормированного снабжения для иностранцев и был создан Инснаб[69].

По сравнению с советскими рабочими для иностранцев, работающих в СССР, устанавливались более высокие нормы и более богатый ассортимент (см. табл. 5). Особенно отличались нормы снабжения мясом и жирами. Остальные продукты питания, не указанные в таблице (овощи, колбаса, копчености, сыр, консервы и пр.), в зависимости от их наличия продавались ненормированно, но по повышенным ценам. Однако уже летом 1931 г. в связи с протестом ВСНХ повышение цен на ненормированные товары было отменено[70]. Но трудности одолевали, и летом 1932 г. цены на ненормированные и частично нормированные товары все-таки были повышены до уровня коммерческих. На этом "метания" властей не закончились: осенью 1933 г. продажа продуктов в магазинах Инснаба по коммерческим

68. РГАЭ, ф. 8043, оп. 11, д. 2б, л. 25. Концессионная норма снабжения в 1931 г. составляла (в мес.): 3 кг крупы, 1 кг риса, 2 кг макарон, 800 г животного и 500 г растительного масла, 2 кг сахара, 100 г чая, 7,5 кг муки, 30 штук яиц, 1 кг сыра, 500 г кофе, 6 кг мяса, а также мыло. Дичь и рыбные консервы отпускались без норм (РГАЭ, ф. 8043, оп. 11, д. 35, л. 205).

69. РГАЭ, ф. 8043, оп. 11, д. 35, л. 202.

70. РГАЭ, ф. 8043, оп. 11, д. 31, л. 90, 103.

ценам вновь была отменена, но на все продукты были введены нормы[71].

Таблица 5
Нормы снабжения иностранных специалистов и рабочих.*
(кг в месяц на 1 чел.)

Продукты	Специалисты		Члены их семей		Рабочие	
	1	2	1	2	1	2
Мука	4	2	2	2	4	2
Крупа разная	6	3	5	2	5	2
Мясо	9	7	5	3	6	5
Рыба свежая	6	3	4	2	3	2
Масло жив.	3	1,5	2	1	1	1
Масло раст.	1	0,5	1	0,5	1	0,5
Сахар	4	3	4	1,5	2,5	2
Чай	0,2	0,1	0,2	0,05	0,1	0,1
Яйца (шт.)	60	-	60	-	30	-
Молоко (л)	1	0,5	1	1	1	0,5
Сметана, творог	1,5	-	1,5	-	1	-
Мыло хоз. (куск.)	2	1	2	1	2	1
Папиросы (шт.)	50	40	25	-	50	20

* Приведены нормы снабжения, установленные в мае 1931 г. (1), и нормы снабжения после их сокращения в июне 1932 г. (2). По молоку и папиросам нормы дневные. Прочерк в таблице означает отсутствие твердых норм централизованного снабжения. Составлено: РГАЭ, ф. 8043, оп. 11, д. 31, л. 103; д. 49, л.9.

Вводя нормы снабжения, Наркомснаб предложил облснаботделам не оглашать их, "принимая их лишь в практической работе для ограничения покупки товаров по заборным книжкам", в соответствии с чем должен был быть произведен тщательный инструктаж всего штата продавцов. Видимо, власти испытывали неудобство перед мировым сообществом, распространяя (в мирное время) и на иностранцев жесткие условия нормированного снабжения. Кроме того, в

---

71. РГАЭ, ф. 8043, оп. 11, д. 50, л. 74; ф. 1562, оп. 329, д. 31, л. 12.

постановлениях было указано, что эти довольно высокие нормы устанавливаются только для иностранцев, работающих в крупнейших промышленных центрах - в Москве, Ленинграде, Сталинграде. Было ясно, что государство не сможет выдержать этих норм снабжения повсеместно[72]. Для обеспечения иностранцев на особо важных с точки зрения государства объектах выделялись дополнительные фонды товаров.

Установленные нормы снабжения были ниже потребления иностранцев, существовавшего в условиях спроса, не ограниченного карточками. По сведениям заведующего магазином "Коммунар", средний "забор" продуктов в месяц на 1 человека при отпуске в неограниченном количестве составил: 15 кг мяса, 6 кг животного масла, 150 штук яиц, 1 л молока, 5 кг колбасы и ветчины, по 5 кг рыбы и сыра, 15 банок консервов, по 4 кг сахара и крупы, 3 кг риса, 10 кг муки, 300 г чая, 2 л растительного масла, 3 кг сметаны и творога, 2,5 кг хозяйственного мыла и 5 кусков туалетного, а также 75 штук папирос[73]. Однако эти довольно высокие данные могут косвенно свидетельствовать и о других явлениях: о покупательском ажиотаже и накоплении продуктов, о покупках в целях перепродажи и спекуляции, а также и о злоупотреблениях продавцов и администрации магазина.

Советское государство не смогло выдержать установленных в мае 1931 г. условий снабжения иностранных специалистов и рабочих. Летом 1932 г. нормы снабжения по всем продуктам были снижены (см. табл.5). Осенью 1932 г. были вновь понижены нормы мяса. Они стали составлять 5 кг (в мес.) для специалистов, 3 – для рабочих, 2 кг – для членов семей[74]. Осенью 1933 г. в связи с отменой коммерческих цен в магазинах Инснаба были введены нормы на продажу всех продуктов. В этих условиях для иностранцев был разрешен ввоз товаров из-за границы, при этом были снижены пошлины. Несмотря на снижение, нормы снабжения иностранных рабочих и специалистов в первой половине 30-х гг. оставались выше норм снабжения индустриальных рабочих.

Жизнь показала, что на "периферии", несмотря на вышедшие постановления, положение иностранцев было не столь уж хорошим. Так, в посланиях говорилось об американских механиках, которые в

72. РГАЭ, ф. 8043, оп. 11, д. 35, л. 205.
73. РГАЭ, ф. 8043, оп. 11, д. 35, л. 205.
74. РГАЭ, ф. 8043, оп. 11, д. 49, л. 8.

течение двух месяцев питались только кислым хлебом и мерзлой картошкой. Есть сведения о плохом снабжении иностранцев, работавших на автозаводе в Нижнем Новгороде. Фонды, предназначенные для их снабжения, шли на обеспечение советских специалистов. В результате плохого снабжения распространялись массовые заболевания (дизентерия)[75]. Официальные власти очень беспокоились, что эти сведения попадут в зарубежную прессу. В фонде Наркомата внутренней торговли СССР содержатся интересные материалы об использовании труда иностранных специалистов в системе общественного питания[76]. Они позволяют судить об условиях работы иностранцев и их жизни в СССР. Вербовка на работу, как правило, проводилась советскими представителями за границей. В системе общепита в СССР иностранцы работали в основном поварами, реже занимали другие должности, например механика-рационализатора. Приезжая в СССР, они направлялись в самые разные уголки страны. Например, Иозеф Магагнотти работал шеф-поваром в Магнитогорске, Елена Лоренц в Свердловске, Адольф Домбен в Челябинске, Георг Гольке в Макеевке, Карл Богдан в Кизеле и т. д.

Договор заключался на 2 года на безвалютной основе: зарплата выплачивалась в совзнаках. В одном из договоров есть указание на то, что вывоз, ввоз и перевод валюты для иностранцев был запрещен. Требовалось специальное разрешение на покупку валюты. В случае необходимости уехать иностранцы обращались с просьбами о приобретении билетов. Зарплата иностранцев в системе общепита в первой половине 30-х гг. была средней, она составляла 200–300 руб. в месяц. Из этих денег сами иностранцы выплачивали налоги, плату за квартиру, за электроэнергию и другие коммунальные услуги. Они имели право на отпуск в размере 25 дней. Иностранные специалисты и рабочие не должны были требовать вознаграждения за работы, которые выполнялись вне рабочего времени, если эти работы входили в круг их обязанностей, а также вознаграждения за изобретения. Право на патент в этом случае принадлежало работодателю. Иностранцы давали обязательство хранить все служебные тайны. Все разрабатываемые в служебном порядке материалы являлись собственностью работодателя.

Иностранцы проходили испытательный срок. В течение испытательного срока и позже договор о найме мог быть аннулирован

75. РГАЭ, ф. 8043, оп. 1, д. 103, л. 260; оп. 11, д. 12, л. 106.
76. РГАЭ, ф. 7971, оп. 2, д. 12.

без предупреждения, без выходного пособия и оплаты обратного проезда. Решения наркомата оспариванию не подлежали, все споры были подсудны судам СССР. Эти условия превращали иностранцев в заложников системы. Не случайны поэтому такие поступки, как бегство начальника соусного цеха фабрики-кухни при Челябинском тракторном заводе Артура Биттергофа, который, как сказано в деле, "скрылся с казенными деньгами".

Администрация предприятий, где работали иностранцы, должна была наблюдать за их деятельностью и составлять на них характеристики, в которых отмечалось не только качество работы, но и участие в политической жизни страны. В этих условиях в лучшем положении оказывались те иностранцы, которые не говорили по-русски, т.к. это чаще всего "снимало" обвинения в политической деятельности.

Показательна докладная записка заведующего производством Шелехова на некого Шредера, работавшего поваром в одном из ресторанов в Свердловске. Объясняя, почему со Шредером был расторгнут договор, он пишет о его недобросовестности, порче продуктов, появлении на производстве в пьяном виде, учинении бесчинств и разложении дисциплины работников кухни. Вот строчки его письма: "Пьяный (имеется в виду Шредер. – Ред.) берет яйца и масло и начинает готовить омлет. Заведующий готовить не разрешил, но он не обратил внимания. Все-таки спьяна начал безобразничать: лить на пол сметану и бросать на пол яйца ... Стал ходить по кухне и разлагающе действовать на весь штат кухни, особенно на беспартийных. Просим принять жесткие меры со стороны политической точки зрения ... Совершенно не считается со мною, что ему надо, берет для себя, варит кофе с молоком и приготовляет лично для себя блюда, унося на квартиру, которая находится при производстве"[77].

Вместе с этой докладной запиской в деле лежат положительные характеристики на Шредера из Союзнарпита (Главное управление по народному питанию Наркомснаба СССР). В них он показан с самой лучшей стороны: работая в других местах, он создал продовольственную базу при столовой, добросовестно относился к работе, боролся за повышение калорийности и разнообразие блюд, поддерживал гигиену. Как совместить эти характеристики? Шредер работал в СССР в голодный период 1932–1934 гг. Очевидно, перед

77. РГАЭ, ф. 7971, оп. 2, д. 12, л. 49–54.

нами картина деформации поведения (а может быть, и протеста) человека, попавшего в невыносимые экономические и политические условия. К таким условиям он не привык и не ожидал их встретить, заключая в Берлине с представителем Наркомснаба договор о найме.

Все сказанное выше о снабжении иностранцев не распространялось на работников дипкорпуса, которые имели свои специальные магазины и условия снабжения. Одной из привилегий дипкорпуса было право беспошлинного ввоза продовольствия и ширпотреба, что значительно облегчало их положение в условиях продовольственных трудностей в СССР[78].

Наркомснаб выделял продукты и для снабжения иностранных туристов. Оно осуществлялось из экспортных фондов и также имело определенные расчетные нормы. В 1931 г. ассортимент и суточные нормы питания в ресторанах для иностранных туристов были более, чем хорошие: 180 г сливочного масла, 600 г дичи и 700 г мяса, 5 яиц, 360 г свежей рыбы, 180 г ветчины, 90 г икры, 90 г лососины или балыка, 500 г муки, 190 г крупы, 160 г сахара, а также молоко, сыр, шоколад, варенье, мед, кофе, какао, чай и папиросы[79].

Таким образом, сталинское правительство старалось создать для иностранцев, работавших или отдыхавших в СССР, гораздо более хорошие условия, чем для индустриальных рабочих. Власти не хотели "ударить в грязь лицом" перед мировым сообществом. Однако и здесь централизованное снабжение "давало сбои". Реальное положение иностранных специалистов и рабочих, особенно "на периферии", было тяжелым. Они делили тяготы труда и быта со своими советскими коллегами.

СНАБЖЕНИЕ КАК ОРУДИЕ КАРАТЕЛЬНОЙ ПОЛИТИКИ

Централизованное снабжение не только обслуживало интересы номенклатуры и иностранцев, оно выполняло и функции "карающего меча". Используя свое монопольное положение в снабжении, власти прибегали к "наказанию голодом" как к одному из средств репрессивной политики.

В публицистике, научной и художественной литературе последних лет много написано о репрессиях 30-х гг., о деятельности карательных

---

78. РГАЭ, ф. 8043, оп. 11, д. 45, л. 25; д. 50, л. 27.
79. РГАЭ, ф. 8043, оп. 1, д. 25, л. 50.

органов и миллионах жертв. Это и репрессии против научно-технической интеллигенции, вызванные неудачами первых пятилеток; и раскулачивание крестьянства и насильственная коллективизация, связанные с истреблением и переселениями крестьянских семей и целых сел; и преследования представителей остатков "мелкобуржуазных" партий, а также бывших соратников по партии и революции, вылившиеся в показательные политические процессы второй половины 30-х гг. Немало написано о репрессиях в армии, истреблении инакомыслящих деятелей науки и искусства, а также трагедии целых народов.

В общей политике репрессий, проводимой в 30-е гг., снабжение играло не последнюю роль. В условиях монополии государства централизованное снабжение легко превращалось в один из рычагов карательной системы. Запреты поставок товаров или их ограничение использовалось властью для наказания "провинившихся". Учитывая ограничения свободной торговли, классово-политическую направленность политики распределения, заготовок и цен, можно утверждать, что снижение или запреты поставок товаров неминуемо вели к голоду и гибели людей.

О том, что централизованное распределение товаров могло выполнять карательные функции, свидетельствует, в частности, история снабжения Ленинграда и Ленинградской области. В фонде Наркомата внутренней торговли СССР содержатся данные о централизованном распределении планируемых и регулируемых товаров[80]. Эти данные показывают, что снабжение Ленинграда было приоритетно высоким на всем протяжении первой половины 30-х гг. Предприятия Ленинградской области входили в особый и первый списки снабжения, отличались хорошими пайковыми нормами. Снабжение Ленинграда находилось на специальном контроле центральных органов. При угрозе перебоев и срывов поставок принимались чрезвычайные и экстренные меры.

---

80. К числу планируемых и регулируемых товаров относились жизненно важные и наиболее дефицитные продукты питания и промышленные изделия. Сам термин "планируемый" являлся условным, так как непланируемых товаров не существовало. Он обозначал лишь особо детализированное распределение товаров по дробным назначениям. Так, распределение планируемых товаров расписывалось по товаропроводящим системам (ОРСы, потребкооперация, пр.) вплоть до конкретного потребителя (предприятие, строительство и т. п.). По группе регулируемых товаров централизованно производилось распределение по основным торгующим системам без дальнейшей дробной детализации.

По причине особого положения городов Ленинградской области она относилась к числу территорий с наибольшей диспропорцией городского и сельского снабжения. В 1931–1934 гг. средние нормы городского снабжения по Ленинградской области (в год на 1 человека) превышали душевые показатели сельского снабжения: по трикотажу – в 4–11 раз, швейным изделиям – в 4–7 раз, обуви, шерстяным тканям – в 3–5 раз, хозяйственному мылу – от 3 до 20 раз. Городские нормы снабжения продовольствием по Ленинградской обл. в период 1931–1933 гг. (в среднем в год на 1 человека) превышали сельское душевое снабжение: по крупе – в 5–10 раз; муке – в 7–9; рыбе – 8–13; сахару – 10–13 раз[81].

Привилегированное положение индустриальных центров Ленинградской области не вызывает, таким образом, сомнений. Однако в 1935 г. положение резко меняется. В этот год показатели городского снабжения (в среднем на 1 человека) составили по отношению к показателям сельского снабжения: 0,3 – по швейным изделиям, обуви и х/б тканям (т.е. более чем в 3 раза городские душевые поставки этих товаров были меньше сельских); 0,5 – по трикотажу и шерстяным тканям; 0,8 – по хозяйственному мылу[82]. Это был единственный случай в истории первой половины 30-х гг., когда снабжение городского населения ухудшилось настолько резко, что по душевым показателям сельское снабжение оказалось намного лучше городского. Ленинград, один из ведущих индустриальных центров страны, "потерял" привилегированное и преимущественное снабжение.

Конечно, сложившееся положение было неслучайным. Объяснение этому факту лежит в области политики. Убийство С. М. Кирова в Смольном 1 декабря 1934 г. повлекло за собой не только политические репрессии ("кировский поток"), но и экономические санкции в виде резкого снижения поставок товаров в города Ленинградской области. Ухудшение снабжения было в данном случае элементом карательной политики, предпринятой для разгрома так называемой "троцкистско-зиновьевской оппозиции", центром которой был назван Ленинград. Вопреки объявленным приоритетам в снабжении власть не остановилась перед наказанием пролетарского "авангарда" – снижением уровня

---

81. Душевые нормы снабжения высчитаны на основе данных об объемах товаров, направляемых в города и села Ленинградской области, а также сведений о численности городского и сельского населения этой области (РГАЭ, ф. 7971, оп. 2, д. 662, 664; ф.1562, оп. 329, д. 16, 49; оп. 20, д. 26).

82. РГАЭ, ф. 7971, оп. 2, д. 667; ф. 1562, оп. 329, д. 83, 85. Данные о распределении в 1935 г. продовольствия отсутствуют.

материального положения питерских рабочих. Обществу навязывалась психология коллективной вины и ответственности.

Но если массовое "показательное" наказание рабочих было не столь уж частым явлением, то наказание крестьян было довольно обычным. При срывах хлебо- и мясозаготовок применялись запреты или уменьшение поставок товаров в районы, не выполнившие планы сдачи продукции государству. "Отстающие" села и районы заносились на специальные "черные доски". Этими мерами власть боролась с мнимым "саботажем" крестьян, пытаясь пресечь "войну на измор", якобы ведущуюся, по словам Сталина, деревней против рабочих и Красной Армии. Насильственные заготовки, изымавшие "под метлу" продовольственные и зачастую семенные фонды, сопровождавшиеся прекращением или снижением поставок на село, вели к массовому голоду. Выше уже упоминалось постановление 8 ноября 1932 г. о прекращении отгрузок всех товаров сельского фонда на украинские базы и запрете их отпуска с баз Украины для реализации на селе во всех областях УССР. Это постановление вкупе с изъятиями хлеба в колхозах и единоличных хозяйствах привело к страшному голодному мору, который разразился спустя несколько месяцев, зимой 1932/33 г. Политика заготовок и снабжения были главной причиной массового голода, охватившего в 1932/33 г. основные сельскохозяйственные районы СССР.

Учитывала ли система централизованного распределения товаров существование районов голода в 1933 г.? Пыталось ли правительство исправить огрехи своей политики, чтобы спасти людей, или по-прежнему даже в условиях массовой трагедии централизованное снабжение продолжало выполнять функции "карающего меча"?

Приведем результаты исследования, которое было проведено на основе данных о распределении в 1933 г. продовольственных планируемых товаров. К их числу относились: чай, соль, масло, рыба, мясо, мука, сахар, крупа, винно-водочные изделия, рыба, маргарин. Эти данные представляют сведения об оптовом отпуске товаров для различных регионов страны с торговых баз, заготпунктов комбинатов и предприятий с включением транзитных отправок из других областей[83].

На основе этих сведений и данных ЦУНХУ о среднегодовой численности населения были получены показатели душевого городского и сельского снабжения по областям, краям, автономным образованиям

_____

83. РГАЭ, ф. 7971, оп. 2, д. 662, 664.

РСФСР, а также союзным республикам[84]. Исследованию предшествовал анализ торговой и демографической статистики в целях определения достоверности, сопоставимости данных, возможности их комплексного использования.

Сведения о душевых городских и сельских поставках продовольствия были подвергнуты затем математико-статистической обработке. Ее цель – объединить территории или регионы в группы по принципу похожего снабжения. Такие группы регионов можно воспринимать как различные типы снабжения. Для группировки регионов и получения типологии снабжения был использован новый метод автоматической классификации – метод размытых аддитивных типов[85].

Анализ распределения продовольствия в 1933 г., проведенный с помощью метода автоматической классификации, показал, существование типов – антиподов в городском снабжении. Один из них представлял привилегированное снабжение и отличался самыми большими поставками продовольствия. Характерными представителями этого типа были индустриальные центры – Москва и Ленинград с областями. Другой тип городского снабжения (антипод первого), напротив, отличался наименьшими поставками продуктов (исключение составляли поставки соли и винно-водочных изделий). К этому типу относилось снабжение городов Центрально–Черноземной области, Белоруссии, Нижней и Средней Волги, Средней Азии, Северного Кавказа. Это, главным образом, территории, производившие сельскохозяйственную продукцию, с преобладанием неиндустриальных городов. Но в то же время это и районы страшного голодного мора, от которого, хотя и в меньшей степени, страдало и городское население. Ясно видно, что система распределения продуктов в 1933 г. не принимала это в расчет. "Забота" о людях проявлялась в сравнительно хороших поставках соли и винно-водочных изделий.

Математико-статистический анализ данных о продовольственном снабжении деревни в 1933 г. позволил выделить несколько типов сельского снабжения. Они отличались размерами и структурой поставок. Для одного из них были характерны наибольшие (по сравнению с обеспечением остального сельского населения) поставки

---

84. РГАЭ, ф. 1562, оп. 329, д. 83, 85.

85. Подробнее о методе см.: Миркин Б. Г., Сатаров Г. А. Метод размытых аддитивных типов для анализа многомерных данных // Автоматика и телемеханика. 1990, N 5, 6.

100

продовольствия. К этому типу относилось сельское снабжение Дальнего Востока и Якутии. Относительно большие поставки продовольствия в эти регионы были результатом целевого снабжения, которое предназначалось для обеспечения работавших на добыче полезных ископаемых, пушнины, золота, леса и пр. Доля целевого снабжения в поставках для села составляла в данном случае 80 – 100%.[86]

Сравнение других типов сельского снабжения показало, что структура поставок учитывала товарную специализацию сельскохозяйственных районов: то, что производилось в них, поставлялось слабо, зато в большей степени туда направлялись продукты, которые недостаточно либо вовсе не производились в этих регионах. Этим преследовалась цель удовлетворить потребительский спрос и стимулировать заготовки. Например, Татария, Черноземный Центр, Западная область, Башкирия, Средняя Волга, Белоруссия, Украина и Западная Сибирь характеризовались небольшими поставками сахара, рыбы, крупы, но относительно большими поставками чая, соли, винно-водочных изделий, растительного масла и мяса. Для них были характерны очень незначительные поставки муки. В то же время снабжение Закавказья, Средней Азии и Казахстана напротив отличалось преимущественными поставками муки и сахара, но практически полным отсутствием поставок мяса, рыбы, животного масла, вина, чая.

Такая система распределения, учитывающая специализацию региона, вполне логична и не противоречила бы здравому смыслу, если бы не большие объемы сельскохозяйственных заготовок, которые практически ничего не оставляли производителю продукции. В результате получалось, что "сапожник ходил без сапог": кто растил хлеб, не ел его вдоволь; кто разводил скот, не имел в достатке мяса. Кроме того, учитывая специализацию, эта система распределения игнорировала голод. Основные сельскохозяйственные регионы, они же и районы голода (Черноземный Центр, Нижняя и Средняя Волга, Северный Кавказ, Казахстан, Украина), относились в 1933 г. к группе территорий с наихудшим сельским снабжением продовольствием.

Несмотря на голод, показатели городского снабжения продовольствием практически повсеместно были выше показателей сельского снабжения. Особенно сильны были расхождения по поставкам

---

86. Следует отметить, что целевые поставки в 1933 г. не предназначались для обеспечения лагерей ГУЛАГа, которое осуществлялось в рамках внерыночного фонда.

мяса, рыбы, животного масла, муки и сахара. Можно говорить не только о более хороших поставках продуктов в города, но и о разной структуре городского и сельского потребления. Политика распределения сохранила свои классово-политические приоритеты, несмотря на экстремальные условия, в которых оказалась деревня. Крестьянство "несло крест заложников индустриализации". Система централизованного снабжения и заготовок выполняла роль кнута, с помощью которого правительство "наказывало" большую часть населения страны[87].

Характер снабжения кулаков-переселенцев и их семей также показывает, что централизованное распределение товаров было составной частью карательной политики. Уже первая волна коллективизации (осень 1929 г. – конец зимы 1930 г.) потребовала специального рассмотрения вопроса о снабжении репрессированных. Если до этого обеспечение спецлагерей было внеплановым, то теперь значительное расширение лагерей потребовало включения этого вида снабжения в общий план Наркомторга (позднее Наркомснаба) в виде самостоятельной хозяйственной единицы[88].

Поток репрессированных особенно усилился с переходом к политике "ликвидации кулачества как класса". Она была провозглашена Сталиным в декабре 1929 г. в речи на конференции аграрников-марксистов. В январе 1930 г. специальная комиссия под председательством В. М. Молотова выработала систему мер по ликвидации кулацких хозяйств в районах сплошной коллективизации. В феврале 1930 г. начались операции по их массовому выселению[89].

---

87. Подробнее о методике и результатах исследования см.: Осокина Е. А. Характер демографических процессов и система централизованного снабжения продовольствием в 1933 г. (Опыт работы с базой данных по торговой и демографической статистике 30-х гг.)// Россия и США на рубеже XIX–XX вв. М.: Наука, 1992; Голод 1932–1933 гг. на Украине и система централизованного распределения продовольствия // Материалы международнй научной конференции "Методология современных гуманитарных исследований". Донецк, 1991.

88. РГАЭ, ф. 8043, оп. 11, д. 12а, л. 341.

89. Как известно, раскулачиваемые подразделялись на три категории. Выселению подлежали семьи кулаков первой категории (сами кулаки подлежали аресту), а также кулаки и их семьи по второй категории. Кулацкие семьи, попадавшие в третью категорию, должны были расселяться специальными поселками в пределах районов своего проживания. Но так как за пределами колхозов земли было недостаточно, они часто переводились во вторую категорию и тоже выселялись. Таким образом, подавляющее большинство раскулачиваемых подлежало переселению в отдаленные районы страны.

В связи с этим появился целый ряд специальных распоряжений и постановлений центральных органов, занимавшихся снабжением. Так, в феврале 1930 г. Наркомторг разослал в областные торговые отделы (Свердловск, Смоленск, Воронеж, Самару, Архангельск, Нижний Новгород и т. д.) телеграммы одного и того же содержания: "Ввиду предстоящих людских перевозок эшелонами для снабжения горячей пищей отпустите на 75, 50, 40 тыс. человек (числа колебались) из расчета в граммах: мяса 80—100, хлеба 250, жиров 7". Стоимость обеда (по сути дела, это только суп) составляла 20 коп.[90].

Вслед за решением задачи "массовых людских перевозок эшелонами" последовали постановления о снабжении кулацких семей в местах расселения. Снабжение производилось Управлением лагерей особого назначения ОГПУ, которое (по согласованию с Наркомторгом) устанавливало нормы. В первых постановлениях был определен главный принцип снабжения спецпереселенцев: продавать товары только при полном выполнении производственных заданий. Государство четко определило свое отношение к этой категории граждан: спецпереселенцы рассматривались как даровая рабочая сила на стройках социализма. Не называя точных цифр, постановления в общем определяли, что нормы снабжения должны зависеть от размеров производственных заданий, но при этом должны быть "значительно ниже минимальных душевых норм", установленных в этом районе. Снабжение промтоварами личного потребления должно было производиться "в меру безусловной необходимости для выполнения производственных заданий." Торговля должна была осуществляться через низовую сеть розничной потребкооперации по ценам на 15% выше розничных цен, установленных для данного пункта. Таким образом, условия снабжения представляли дискриминацию переселенцев, выполняя функцию наказания этих людей[91].

Неконкретность и нечеткость разработки вопросов снабжения спецпереселенцев, содержащаяся в первых постановлениях, потребовала новых распоряжений. В мае 1930 г. появился ряд постановлений СТО и СНК по этому вопросу. По прежнему подчеркивалось, что снабжение кулаков должно быть связано с выполнением производственных заданий. Но в отличие от ранних постановлений было допущено уравнение пайка репрессированных с

90. РГАЭ, ф. 8043, оп. 11, д. 12а, л. 250—255.
91. РГАЭ, ф. 8043, оп. 11, д. 7, л. 131.

пайком других рабочих данного предприятия. Предписывалось обеспечить спецпереселенцев одеждой и обувью в минимальных размерах, необходимых для бесперебойного выполнения задания. Зарплата спецпереселенцев при этом должна была быть на 20–25% меньше зарплаты рабочих. На спецпереселенцев не распространялись законы о социальном страховании. Но в постановлениях говорилось о необходимости обеспечения минимальной медицинской помощи[92].

Новая и более широкая волна раскулачивания (весна – осень 1931 г.) привела к появлению очередной серии постановлений о снабжении спецпереселенцев и заключенных. В мае 1931 г. постановлением Наркомснаба было подтверждено, что снабжение работающих спецпереселенцев должно производиться по нормам тех предприятий, новостроек, совхозов, лесоразработок, в распоряжении которых они находились. Снабжение членов семей – по нормам членов семей рабочих. Был пересмотрен вопрос о ценах снабжения: отпуск товаров для спецпереселенцев должен был производиться по ценам, действующим в пунктах поселения. Должна была быть организована специальная торговая сеть для обслуживания спецпереселенцев. В соответствии с этими постановлениями работавшие на Магнитке должны были обеспечиваться по нормам рабочих первого списка, спецпереселенцы, работавшие на лесоразработках и сельхозработах – по нормам второго списка, на промышленных предприятиях – по третьему списку[93]. Летом 1931 г. было допущено уравнение зарплаты работающих спецпереселенцев с прочими рабочими этих предприятий. Вновь подтверждалось, что нормы снабжения спецпереселенцев должны быть такими же, как нормы других рабочих этого предприятия. Равными должны были быть и жилищные условия, и медицинское обслуживание[94].

Продолжавшийся рост числа репрессированных требовал дальнейшей детализации и уточнения вопросов снабжения. Летом 1933 г. были определены фонды снабжения спецпереселенцев: те, кто работал на промышленных предприятиях и в совхозах, снабжались за счет фондов общего снабжения; работавшие в лесной, золотоплатиновой, торфяной промышленности – за счет целевых фондов; сельскохозяйственное устройство Казахстана, Западной Сибири

92. РГАЭ, ф. 8043, оп. 11, д. 1, л. 61–63, 68–72, 80, 119.
93. РГАЭ, ф. 8043, оп. 11, д. 31, л. 92, 97, 137.
94. РГАЭ, ф. 8043, оп. 11, д. 18, л. 141, 203; д. 31, л. 40; д. 38, л. 164.

– через ГУЛАГ за счет фондов , специально выделяемых для этой цели сверх лагерных фондов. В 1933 г. были установлены твердые нормы снабжения предметами вещевого довольствия. Появляются постановления о санитарном и культурно-бытовом обслуживании спецпереселенцев[95].

Таким образом, по мере того, как спецпереселенцы становились основной рабочей силой новостроек, предприятий, на разработках полезных ископаемых, в постановлениях заметно меняется отношение к ним. В государственной политике по отношению к репрессированным начинают проявляться элементы патернализма. Репрессированные все более оцениваются не как наказуемые, а как важная рабочая сила на стройках социализма. Было допущено уравнение их с вольным населением в нормах снабжения, розничных ценах, правах на жилье и медицинскую помощь. Постепенно на спецпереселенцев распространялись принципы пролетарского снабжения. Нормы снабжения начинали зависеть не только от выполнения производственного задания, но и от важности данной стройки, предприятия с точки зрения индустриализации. Наиболее высокие нормы были установлены для работавших на ударных стройках, лесоразработках, золотоплатиновой промышленности. Наиболее низкими оставались нормы нетрудоспособных членов кулацких семей[96].

Все, что было написано в постановлениях, как обычно, не выполнялось и оставалось только на бумаге. Централизованных фондов не хватало даже для обеспечения вольных рабочих, что уж тут говорить о репрессированных. Так, проверка снабжения кулаков на Магнитогорском строительстве показала, что им было недодано мяса и жиров (около 3/4), а снабжение членов семей кулаков осуществлялось по пониженным нормам в сравнении с нормами семей рабочих[97]. О плохом снабжении спецпереселенцев говорится и в постановлении о проверке рабочего снабжения предприятий, рудников и новостроек Уральской области[98].

Как и все остальное население, репрессированные ощутили на себе обострение продовольственного кризиса в 1932–1933 гг. Нормы их

95. РГАЭ, ф. 8043, оп. 11, д. 44, л. 189; д. 74, л. 147; д. 76, л. 14.

96. В сутки на 1 человека такая норма составляла: 200 г муки, 20 г крупы, 6 г сахара (для детей дополнительно еще 6 г), 75 г рыбы, 7 г растительного масла (только детям), 15 г соли, 3 г чайного напитка, 300 г овощей (РГАЭ, ф. 8043, оп. 11, д. 44, л. 137).

97. РГАЭ, ф. 8043, оп. 11, д. 31, л. 92.

98. РГАЭ, ф. 8043, оп. 1, д. 12, л. 4.

снабжения были снижены по сравнению с 1931 г.[99]. Но и пониженные нормы остались только на бумаге. Местные власти изменяли их в сторону значительного сокращения, доводя количество хлеба до 300 г в день. Сокращались и контингенты снабжаемых[100]. Сравнение норм, официально установленных в 1933 г., и фактических показано в таблице 6.

Таблица 6

Дневные нормы снабжения лиц, лишенных свободы (в г)*

	По приказу ГУИТУ**	Утверждено НКСнабом	Фактически
Хлеб	800	512	473
Крупа	130	31	30.1
Сахар	26,8	7,4	7,3
Рыба	150	15,9	15,4

* Составлено по: РГАЭ, ф. 8043, оп. 11, д. 73, л. 174.

** ГУИТУ – Главное управление исправительно-трудовых учреждений

Фактические нормы снабжения обрекали спецпереселенцев на голодное существование. Несмотря на все постановления, действительное положение высланных было ужасным. В письмах с мест сообщалось о том, что у переселенцев нет заработка, отсутствует медицинская помощь, питание не завозят, процветают воровство, мародерство, спекуляция, распространяются болезни[101]. О том же свидетельствуют протоколы заседаний специальных комиссий СНК по вопросам снабжения спецпереселенцев. В них говорится о голоде и болезнях среди переселенцев, необходимости выделения дополнительных фондов и организации передвижных питательных пунктов для наиболее слабых детей[102].

---

99. Они составили: 15 кг муки; 1,5 кг крупы; 1 кг рыбы; по 300 г сахара и кондитерских изделий; 150 г растительного масла в месяц. Мяса не полагалось вообще. Детям выдавалось по 12 кг муки и 1,5 кг рыбы в месяц (РГАЭ, ф. 8043, оп. 11, д. 92, л. 119–120; оп. 1, д. 12, л. 194).

100. РГАЭ, ф. 8043, оп. 11, д. 73, л. 174.

101. РГАЭ, ф. 8043, оп. 11, д. 2б, л. 119.

102. РГАЭ, ф. 8043, оп. 11, д. 33, л. 4; д. 62, л. 127.

Таким образом, монополия государства в сфере снабжения и широкомасштабная политика репрессий обрекали значительную часть населения страны на тяжелейшие условия жизни. Как показали современные исследования, подавляющее число наказуемых были ни в чем неповинные люди. Снабжение репрессированных, затрагивая одну из основных функций жизнедеятельности человека, играло важную роль в карательной политике. Вместе с тем обнаруживается характерная деталь: карательная политика шла рука об руку с элементами патернализма даже по отношению к репрессированным.

"ЗА ЗЕРКАЛЬНОЙ ДВЕРЬЮ ТОРГСИНА": ОАЗИСЫ РЫНОЧНОЙ ТОРГОВЛИ

Господствующей формой товарооборота в первой половине 30-х годов было нормированное распределение. Не случайно в ноябре 1930 г. Наркомат внутренней торговли был упразднен, а его функции переданы созданному Наркомату снабжения. Само понятие торговли потеряло смысл. Так, вместо продавца хлеба появился "хлеборез", главной задачей которого было нарезать как можно больше пайков. Лозунг "Лопай, что дают" стал характеризовать потребление подавляющей части населения страны. Однако существовали и оазисы относительно свободного развития товарно-денежных отношений. Это коммерческая торговля, Торгсин, колхозный рынок.

Коммерческая торговля и Торгсин представляли государственную торговлю и находились в сфере планового централизованного распределения товаров и назначения цен. Строго говоря, только базарная колхозная торговля являлась рыночной. Основным законом купли-продажи на колхозном рынке было соотношение спроса и предложения. Однако все перечисленные формы торговли имели ряд схожих черт, которые отличали их от карточного распределения: это – возможность в выборе ассортимента товаров; ограничения в покупке (за редким исключением) были связаны с платежными возможностями самого покупателя; купить товары в них мог любой человек независимо от социального статуса и принадлежности к определенной "касте" потребителей.

Интересно, что государство поощряло и наращивало темпы развития коммерческой торговли, Торгсина, стимулировало развитие колхозного рынка одновременно с осуществлением пайкового снабжения. И это, конечно, было не случайно. Какие же цели преследовались при этом? Характеристике форм открытой торговли и анализу соотношения различных форм товарооборота посвящена эта глава.

КОММЕРЧЕСКАЯ ТОРГОВЛЯ

Коммерческая торговля была развернута правительственным решением летом 1929 г. в качестве дополнения к закрытым формам распределения. Она составляла в тот момент всего 3% в товарообороте страны. К 1934 г. коммерческая торговля достигла уже четверти товарооборота. И если продажа хлеба по коммерческим ценам весной 1933 г. велась только в 4 городах, а к концу того же года – в 255 пунктах, то в 1934 г. – уже в 746[1]. Расширялся ассортимент коммерческой торговли, в который входили вначале ' наиболее дефицитные товары.

В отличие от нэповской торговли в качестве "коммерсанта" в данном случае выступало само пролетарское государство. Коммерческая торговля осуществлялась через государственные магазины по повышенным ценам. На некоторые товары существовало два типа коммерческих цен: среднеповышенные и сильно повышенные, на другие товары единые коммерческие цены[2]. В 1931 г. по нормальному фонду города (карточное снабжение) обувь стоила 11–12 руб., а в коммерческой торговли – 30–40; демисезонное пальто – соответственно 25 и 56 руб.; брюки – 9 и 17; платье – 12 и 26; джемпер – 26 и 50 руб., то есть цены в коммерческих магазинах на промышленные товары были в 2–3 раза выше карточных[3].

По продуктам разрыв цен был больше: в начале 1931 г. сыр в закрытых распределителях стоил 5–7 руб. (кг), а в коммерческой торговле – 13–24 руб. ; сметана в закрытой торговле стоила 2–3 руб., в коммерческих магазинах – 6–8 руб.; сахар – 92 коп. по карточкам и 8 руб. – в коммерческой торговле; балык – соответственно 4–6 и 15–17 руб.; зернистая икра – 15 и 35 руб. В целом наценки на продукты в коммерческих магазинах составляли в 1931 г. 100–400%[4].

В 1933 г. разрыв нормированных и коммерческих цен сохранялся. Сливочное масло по карточкам стоило 4–5 руб. за 1 кг., в коммерческих магазинах – 20–26 руб.; молоко – соответственно 48 коп. и 1 руб. за литр; творог – полтора и 2–3 руб.; банка тушенки – 2 руб. в закрытой торговле и 4 руб. в коммерческой; лососевая икра – соответственно 14 и 19 руб. за 1 кг.; раки – 34 и 45 коп. за штуку; банка шпрот – 2,50 и 4 руб.[5]

1. См.: Нейман Г. Я. Внутренняя торговля СССР. М., 1935. С. 239; Болотин З. Вопросы снабжения. М.– Л., 1935. С. 11.
2. РГАЭ, ф. 8043, оп. 1, д. 71, л. 83. Директивное назначение цен приводило порой к тому, что в рядом стоящих магазинах или даже в одном и том же магазине торговали одноименным товаром по разным ценам.
3. РГАЭ, ф. 8043, оп. 11, д. 19, л. 205.
4. РГАЭ, ф. 8043, оп. 1, д. 9, л. 186; оп. 11, д. 19, л. 202– 205; д. 24, л. 1–12; д. 38, л. 46; д. 47, л. 135; д. 52, л. 406.
5. РГАЭ, ф. 8043, оп. 1, д. 79, л. 129–144.

Как и карточные, коммерческие цены периодически повышались, и поэтому разрыв между ними сохранялся. В 1933 г. соотношение пайковых и коммерческих цен в городе было: на картофель – 1:8, к концу 1934 г. – 1:3; на сахар – соответственно 1:6 и 1:5. Стоимость женского зимнего пальто в нормированной и коммерческой торговле соотносилась в 1931 г. – 1:3, в 1934 г. – 1:1,5; мужского костюма – соответственно 1:2 и 1:1,5; мужских ботинок – 1:2,7 и 1:1,8; мужских сапог – 1:4,3 и 1:2,2[6].

Острый товарный дефицит и специфика нормированного распределения приводили к тому, что, несмотря на высокие цены, оборачиваемость коммерческих товаров была выше, чем пайковых и выше средней оборачиваемости всех товаров. Очереди были нормальным явлением для коммерческих магазинов[7]. Существовала и спекуляция коммерческими товарами и перекачка их на рынок[8]. Даже в коммерческой торговле порой вводились временные нормы ограничения отпуска товаров[9]. Это свидетельствует о том, что в условиях иерархического нормированного распределения, создающего благоприятные условия только для части общества, подобные формы открытой торговли были жизненно необходимы.

Цели, которые преследовала коммерческая торговля, очевидны. Это – аккумулирование денежных средств в руках государства путем монопольной продажи дефицитных товаров по повышенным ценам. В открытой торговле особенно нуждались те категории населения, которые не отоваривались или частично отоваривались по карточкам (лишенцы, интеллигенция, крестьянство). В докладной записке о развитии торговли в Западной области сообщалось, что в очередях коммерческих магазинов превалируют крестьяне[10].

Другая цель развития коммерческой торговли – поглощение избыточного покупательского спроса. Кроме того (и это всячески подчеркивалось в прессе), коммерческая торговля способствовала "сбиванию" цен-колхозного рынка. Следовательно, получая сельскохозяйственную продукцию по относительно низким заготовительным ценам, государство продавало ее в коммерческих магазинах (после

6. См.: Болотин З. Вопросы снабжения. С. 11–12; Нейман Г. Я. Внутренняя торговля СССР. С. 239.

7. См.: Советская торговля. 1933. N 4. С. 66; 1932. N 1. С. 55.

8. РГАЭ, ф. 1562, оп. 329, д. 30, л. 13.

9. РГАЭ, ф. 8043, оп. 1, д. 9, л. 164; оп. 11, д. 24, л. 1–12.

10. РГАЭ, ф. 1562, оп. 329, д. 30, л. 13.

переработки) значительно дороже , ставя при этом в качестве одной из целей снижение доходов крестьянства от рыночной торговли продуктами своего труда.

За счет реализации товаров по коммерческим ценам государство также получало средства, которые использовало для ликвидации своей задолженности по выплате заработной платы рабочим и служащим[11]. Складывался "порочный круг": относительно высокая оплата рабочих в годы первых пятилеток приводила к тому, что они были одной из категорий населения с неудовлетворенным покупательским спросом. Этот спрос отчасти поглащался покупками в коммерческой торговле, а доходы государства от нее шли затем на погашение задолженности по зарплате тем же рабочим. Это свидетельствует не столько о беспринципности государства, сколько о том, что классовый принцип был доведен до аморализма и абсурда.

ТОРГСИН

"... Примерно через четверть часа после начала пожара на Садовой, у зеркальных дверей Торгсина на Смоленском рынке появился длинный гражданин в клетчатом костюме и с ним черный крупный кот" — так начинаются похождения героев романа М. Булгакова "Мастер и Маргарита" в одном из магазинов Торгсина в Советской России 30-х гг. "Сотни штук ситцу богатейших расцветок виднелись в полочных клетках. За ними громоздились миткали и шифоны, и сукна фрачные. В перспективу уходили штабеля коробок с обувью... Где-то в глубине за углом пели и играли патефоны." Гастрономическое и кондитерское отделения были не менее великолепны: "жирная плачущая розовая лососина с похожей на змеиную с серебристым отливом шкурой", бочки с "сельдью керченской отборной", пирамиды из мандаринов, хитрые сооружения из шоколадных плиток в золотых обертках и другие кондитерские соблазны. Таким увидели Торгсин булгаковские герои[12].

---

11. Задолженность государства по выплате зарплаты в первой половине 30-х гг. была довольно распространенным явлением. На 1 декабря 1932 г. она достигла 900 млн. руб. Сведения за декабрь свидетельствуют о дальнейшем росте задолженности (РГАЭ, ф. 8043, оп. 11, д. 18, л. 285; д. 48, л. 288; д. 109, л. 5). При всем при том существовало распоряжение привлекать к суду те районные филиалы Госбанка, которые задерживали выплату зарплаты (РГАЭ, ф. 8043, оп. 11, д. 29, л. 169).

12. Булгаков М. Избранное. М., 1983. С. 336–347.

Всесоюзное объединение по торговле с иностранцами, или сокращенно Торгсин, имело разветвленную сеть магазинов по всему Советскому Союзу. Продажа товаров в них производилась на валюту, а также при условии сдачи драгоценных металлов, предметов роскоши и искусства. В Советской России первой половины 30-х гг., когда большая часть населения "сидела на полуголодном пайке", магазины Торгсина представляли оазисы подлинного великолепия. Целые предприятия и специальные цеха работали на Торгсин. Они имели те же права, что и предприятия, производившие экспортную продукцию. Через магазины Торгсина реализовывались также таможенные конфискаты, дворцовая мебель, ковры и т. д.[13] Ассортимент товаров Торгсина был значительно богаче того, что описал Михаил Булгаков. В него входило практически все, что производил Советский Союз в то время.

Советские граждане имели право покупать товары в магазинах Торгсина на тех же условиях, что и иностранцы. Продажа велась по товарным ордерам или бонам (деньги Торгсина), а в 1933 г. – по специальным именным "заборным книжкам", которые выдавались после сдачи ценностей[14]. В 1934 г. был введен следующий порядок. Сдатчики прикреплялись к определенным магазинам. При сдаче ценностей стоимостью до 1 руб. им выдавалась квитанция, которая имела силу только на день сдачи ценностей и только для данного магазина. При сдаче ценностей на сумму более 1 руб. выдавались именные расчетные книжки. Если покупатель имел не ценности, а наличную валюту, он мог непосредственно платить за товары в кассу. Для держателей иностранной валюты книжки были особой формы[15].

Кто же был основным покупателем в магазинах Торгсина? Архивные материалы свидетельствуют о том, что две трети продаж в Торгсине приходилось на "внутренних держателей валютных ценностей", т.е. обычных советских граждан. Структура реализаций Торгсина отражала общую ситуацию в стране. Сравним показатели работы Торгсина в 1932 и 1933 г.[16] В первую очередь необходимо констатировать резкое возрастание товарооборота Торгсина. Если в 1932 г. в его магазинах было реализовано товаров на сумму 49,3 млн.

13. РГАЭ, ф. 8043, оп. 11, д. 47, л. 225; д. 50, л. 48.
14. РГАЭ, ф. 8043, оп. 11, д. 60, л. 194.
15. РГАЭ, ф. 8043, оп. 11, д. 93, л. 28.
16. РГАЭ, ф. 1562, оп. 329, д. 14, л. 29–36.

руб., то в 1933 г. – на сумму 106,5 млн. руб. Поступления валютных ценностей возросли с января по май 1933 г. в 2 раза (с 6,4 до 12,2 млн. руб.). Причем доля инвалютных поступлений и переводов (т.е. не внутренних, а поступлений извне) упала. В 1932 г. иностранная валюта составляла 20% в общей структуре поступлений, в 1933 г. – только 8%, валютные переводы – соответственно 21 и 13%. Основными средствами платежа в Торгсине была не иностранная валюта, а ценные сбережения советских граждан – золото старой чеканки, золотой лом. В период голода резко возросла сдача серебра. (В 1932 г. серебро в общей структуре поступлений составляло менее 1%, в 1933 г. – около 22%).

Более 80% продукции, реализованной Торгсином в 1933 г., составляли продукты. Львиная доля (64%) приходилась на хлебофуражную группу. Продажа промтоваров в 1933 г. по сравнению с 1932 г. сократилась. Она составляла порядка 16%. С июля 1933 г. показатели реализации в магазинах Торгсина начали падать (в 3-ем квартале план был выполнен на 77,5, в 4-ом квартале – на 69,6%). При этом замедлилась оборачиваемость товаров. Она возросла к концу 1933 г. со 130 до 173 дней[17].

Приведенные данные свидетельствуют о том, что основными покупателями в Торгсине были советские граждане. Возрастание поступлений ценностей в Торгсин, рост покупок продуктов, особенно хлеба, – все это результат голода, разразившегося зимой 1932/33 г. и пик которого пришелся на лето. После получения урожая продовольственная ситуация немного нормализовалась. И это немедленно сказалось на оборотах Торгсина – они начали падать. Стремление покупать товары в Торгсине в этих тяжелейших условиях голода понятно: предложение товаров в нем было лучше, а цены порой до 50 раз ниже, чем цены рынка, хотя и выражались они не в обычных, а в золотых рублях.

Вопрос о соотношении цен Торгсина, коммерческих магазинов, рынка, а также цен внешней торговли требует самостоятельного изучения. Однако знакомство с архивными материалами позволяет говорить о существовании ценовых диспропорций. С одной стороны, результатом ошибочной политики цен было затоваривание на складах Торгсина той продукцией, для которой существовала плохая внутренняя рыночная конъюнктура, но которая могла быть выгодно продана на внешнем рынке. С другой стороны, происходили

---

17. РГАЭ, ф. 1562, оп. 329, д. 14, л. 29–36.

"вымывание" товаров Торгсина и их перекачка на рынок по спекулятивным ценам. Процветали различные махинации и злоупотребления. Основные покупатели в Торгсине в это время – перекупщики. По архивным данным они составляли около 85% покупателей. Покупки в Торгсине были одним из каналов "перекачки" на рынок дефицитных товаров[18]. Само название Торгсин было фальшивым.

В 1934 г. выявленные тенденции в работе Торгсина сохранились. Основным покупателем являлся свой "внутренний" потребитель. Остались теми же и формы поступлений ценностей (золотой лом, серебро, золото старой чеканки). Доля внешних поступлений (переводы, валюта) еще более снизилась как в абсолютных исчислениях, так и в удельном весе. (Поступления инвалюты составляли в 1934 г. 7–9% к обороту, переводы – 12–15%).

Структура продаж в Торгсине в 1934 г. отразила улучшение продовольственной ситуации в стране. Хотя по-прежнему продукты продолжали оставаться основным товаром, покупаемым в Торгсине (70–80% от общей реализации товаров), доля покупок хлебо-фуражных изделий снизилась. При этом реализация промтоваров возросла. В 1934 г. она составляла 25% от всех продаж[19]. Но в целом товарооборот Торгсина , несмотря на рост его торговой сети, снижался. Это было следствием нормализации продовольственной обстановки в стране, а также лишний раз свидетельствует о том, что заинтересованность "внутреннего" советского потребителя в существовании Торгсина была выше, чем заинтересованность потребителя иностранного. В результате снижения товарооборота Торгсина увеличивалось затоваривание. В 1934 г. запасы товаров в Торгсине более чем на 20 млн. руб. превышали нормальные запасы, необходимые для осуществления бесперебойной торговли. Следовательно, существование Торгсина становилось нерентабельным, убыточным.

Следствием падения в 1934 г. внутреннего покупательского спроса на товары Торгсина было снижение розничных цен в его магазинах. Представление о реализационных ценах Торгсина в 1933 и 1934 г. дают следующие данные. В начале 1933 г. кожаная обувь в Торгсине стоила

18. РГАЭ, ф. 1562, оп. 329, д. 14, л. 29–36; д. 30, л. 13.
19. РГАЭ, ф. 1562, оп. 329, д. 48, л. 17, 51; д. 80, л. 55. Так, доля муки в покупках упала с 33 до 17, сахара – с 11 до 6 %, при этом доля покупок обуви возросла с 1,5 до 3,6; а шерстяных тканей – с 2 до 5%.

7–8 руб., в 1934 г. – 3 руб.; швейная машина – 3 руб., в 1934 г. – 20 руб.; ручные часы 5–7 руб.; автомашина 1000–2000 руб. Цены на продукты в Торгсине были следующие (за 1 кг): мука – 20 коп. (1933 г.) и 10 коп. (1934 г.); сахар – соответственно 46 и 26 коп.; мясо – 60 и 30 коп.; колбаса – 1 руб. 50 коп. и 60 коп.; сыр – 50 коп.; икра кетовая – 1 руб. и 70 коп.; икра черная – 15 и 5 руб.; картофель – 7 и 2 коп.; красная рыба – 1 руб. и 40 коп. Банка мясных консервов стоила 40 в 1933 г. и 15 коп. в 1934 г.; бутылка водки – соответственно 60 и 24 коп.; пива – 15 и 7 коп.; виноградного вина – 60 и 30 коп.[20] Таким образом, цены в 1934 г. были существенно снижены.

Падение значения Торгсина для внутреннего потребления, рост его нерентабельности заставляли правительство реорганизовывать и переориентировать его торговлю. В постановлении СНК СССР, появившемся в мае 1934 г., говорилось о прекращении всех операций в магазинах Торгсина с 1 января 1936 г. Это было затем подтверждено постановлением 14 октября 1935 г. Оставались только портовая торговля, а также торговля за счет валютных переводов из-за границы и за наличную иностранную валюту. Таким образом, шла переориентация на иностранного клиента и внешние источники поступления валюты. В связи с этим уменьшались торговая сеть Торгсина, численность его аппарата[21]. Магазины Торгсина отныне стали недоступны большинству советских граждан. С ликвидацией Торгсина хождение иностранной валюты на территории СССР законодательно прекращалось.

В условиях голодающей страны отношение к Торгсину, а точнее к тем, кто мог свободно пользоваться его прелестями, было чаще всего отрицательным. Это составляло дополнительный источник социального напряжения в обществе. Михаил Булгаков в ”Мастере и Маргарите” блестяще описал сцену такого недовольства. В ней ”приличнейший тихий старичок, одетый бедно, но чистенько, старичок, покупавший три миндальных пирожных в кондитерском отделении” Торгсина, поддавшись на провокацию Коровьева и Бегемота, дал выход своему протесту против существовавшей социальной несправедливости. Он сорвал с щегольски одетого ”сиреневого клиента”, как думали, иностранца, шляпу и подносом ударил его по плешивой голове. Тот сел

20. РГАЭ, ф. 8043, оп. 11, д. 68, л. 16–21; д. 70, л. 36–39; д. 102, л. 6; д. 111, л. 46; ф. 1562, оп. 329, д. 48, л. 17.
21. РГАЭ, ф. 8043, оп. 11, д. 93, л. 28.

в кадку с керченской сельдью, выбив из нее фонтан селедочного рассола. Поводом к проявлению недовольства гражданина были слова Коровьева о том, что иностранец, неизвестно откуда и зачем приехавший, распухший от лососины и весь набитый валютой, может позволить себе, что угодно, "а нашему-то, нашему" откуда же ему взять валюту! Горько! Иностранец, правда, оказался мнимым, так как "на чистом русском языке, без признаков какого-либо акцента" стал звать милицию. Как свидетельствует Булгаков, "вся эта глупейшая, бестактная и, вероятно, политически вредная вещь", судя по глазам столпившихся, вызывала сочувствие во многих людях[22].

Литература дает не мало свидетельств того, как семейные реликвии, отнесенные в магазины Торгсина, спасали людей. Анатолий Жигулин, потомок поэта—декабриста Владимира Раевского, в автобиографической повести "Черные камни" вспоминает, как в голодные дни были снесены в Торгсин золотые ордена деда вместе с золотыми нательными крестами и перстнями. Другой русский писатель Виктор Астафьев в "Последнем поклоне" пишет о страшном 1933 г., когда в "заведении под загадочным названием "Торгсин", которое произносилось в селе с почтительностью и даже трепетом" в обмен на золотые серьги были получены "пуд муки, бутылка конопляного масла и горсть сладких маковух"[23].

Сказанное свидетельствует о том, что основное значение Торгсина во внутренней торговле СССР первой половины 30-х гг. состояло не только и не столько в том, что он позволял аккумулировать в руках государства ценности и валюту (это далеко не обеспечивало огромных потребностей индустриализации)[24]. Главное заключалось в том, что в условиях принудительного и плохого иерархического снабжения Торгсин давал возможность приобретать жизненно необходимые товары. Торгсин, как и коммерческая торговля, позволил плохо обеспечиваемой части населения (крестьяне, интеллигенция, "лишенцы") худо-бедно пережить за счет старых семейных накоплений голодные годы. Поэтому не случайно с падением значения Торгсина для снабжения советских граждан он был упразднен вслед за ликвидацией карточного снабжения.

---

22. Булгаков М. Избранное. С. 339—340.

23. Жигулин А. Черные камни. М., 1989. С. 6; Астафьев В. Последний поклон//Собр. соч. М., 1980. Т. 3. С. 139.

24. За свое существование в первой половине 30-х гг. он передал в Госбанк 287 млн. золотых руб.

КОЛХОЗНЫЙ РЫНОК

В 1932–1934 гг. сталинское руководство начинает активно стимулировать развитие колхозного рынка, хотя и до этого времени формально он не был запрещен. Постановлениями СНК СССР, ЦИК СССР, ЦК ВКП (б) колхозникам и единоличникам предоставлялась возможность беспрепятственной продажи излишков сельскохозяйственной продукции, оставшейся после выполнения обязательных поставок по ценам, складывающимся на рынке. При этом отменялись как республиканские, так и местные налоги и сборы с этой торговли. Для развертывания базарной торговли были несколько снижены размеры обязательных поставок. Доходы колхозов и колхозников от базарной торговли освобождались от обложения сельскохозяйственным налогом. Однако сроки торговли регламентировались. Продажу хлеба колхозники и единоличники могли начать только в апреле после окончания хлебозаготовок и должны были прекратить с июля, так как с первых же дней обмолота начинались поставки зерна государству[25].

Развитие колхозного рынка было одной из реформ, которые правительство начало проводить зимой – летом 1932 г. Некоторые исследователи называют этот период "неонэпом". Сущность проводимых реформ – корректировка выбранного экономического курса, приведшего к глубокому кризису экономики. Принимаемые меры (снижение планов госзаготовок, более реалистичные планы промышленного развития, поиски материальных стимулов к труду) представляли определенный отход от концепции бестоварной безрыночной экономики, упования на администрирование и диктат. Сама жизнь заставляла государство "вспомнить" об экономических рычагах управления.

Рынок предлагал потребителю продукты, которые практически отсутствовали в карточном снабжении: мясо, молоко, масло, яйца, овощи. Цены рынка были существенно выше пайковых. В Москве средняя цена мяса (за 1 кг) в государственной и кооперативной торговле в 1932 году была 2 руб., на рынке – 10–11 руб.; литр молока у государства стоил 60 коп., на рынке – более 2 руб.; черный хлеб по карточкам – 14 коп., на рынке – около 2 руб.; 1 кг картофеля –

---

25. См.: Справочник по колхозной торговле. М., 1937.

117

соответственно 18 коп. и 1 руб.; десяток яиц – 5 и 13 руб.; масло – 9 руб. (госторговля и кооперация) и 26 руб. (рынок).

Еще более рыночные цены подскочили в голодном 1933 г. По данным бюджетов фабрично-заводских рабочих Москвы, белый хлеб на рынке стоил около 5 руб., в государственной и кооперативной торговле – в среднем 59 коп.; 1 кг картофеля – соответственно 2 руб. и 22 коп.; мясо на рынке продавалось по 13 руб., а в госторговле и кооперации – в среднем по 3–4 руб. (за 1 кг); рыба – соответственно 7 и около 3 руб. (за 1 кг); литр молока стоил около 3 руб. на рынке и 87 коп. в государственной и кооперативной торговле[26].

Одновременно с ослаблением голода и нормализацией продовольственной обстановки в стране, а также с развитием открытых форм государственной торговли цены рынка снижались. За первую половину 1934 г. (по сравнению с аналогичным периодом 1933 г.) они упали почти на 50%; а за первую половину 1935 г. (по сравнению с первым полугодием 1934 г.) снизились еще на 23%[27]. Однако разница государственных и рыночных цен сохранилась.

Меры по развитию колхозного рынка не были случайностью или актом филантропии правительства. Сама жизнь принуждала к этому. В первую очередь необходимо было стимулировать развитие сельскохозяйственного производства. Низкие цены госзаготовок создавали слабые материальные стимулы к труду. Существенно не меняя системы оплаты сельскохозяйственных заготовок, но разрешая продажу продукции, оставшейся после выполнения обязательных поставок, государство стимулировало рост объемов производимой продукции. Цены колхозного рынка в условиях дефицита продовольствия были высоки, и это являлось своего рода компенсацией крестьянству низких закупочных цен на сельскохозяйственную продукцию и высоких цен на промышленные товары (правда, не за счет государства). Высокие цены рынка должны были создать стимулы к расширению сельскохозяйственного производства, которое велось на внерыночной основе. Таков характерный парадокс социалистического хозяйствования.

Поскольку система централизованного снабжения лишь частично обеспечивала крестьянина как промышленными товарами, так и

26. РГАЭ, ф. 1562, оп. 329, д. 62, л. 133–136. Цены на продукты питания взяты из бюджетов фабрично-заводских рабочих.

27. РГАЭ, ф. 1562, оп. 329, д. 62, л. 37, 90.

продовольствием, рыночная торговля и средства от нее были главным источником самообеспечения крестьянства. Таким образом, колхозная торговля "закрывала бреши" в карточной системе: она предоставляла продукты, практически не распределяемые по карточкам, и обеспечивала те категории населения, о которых не заботилось государство. Кроме того, рыночная торговля в определенной степени гасила избыточный покупательский спрос городского населения, доходы которого опережали рост товарооборота.

Стимулируя рыночную торговлю, государство следило за ее развитием, не позволяя возрастать слишком быстро. При низких объемах сельского товарооборота быстрый рост доходов от рыночной торговли привел бы к резкому несоответствию спроса и предложения на селе. Контролировать развитие рыночной торговли можно было путем финансового и административного регулирования размеров подсобного участка колхозников, увеличивая размеры заготовок, сбивая цены колхозного рынка[28].

Таблица 7 иллюстрирует положения, высказанные ранее, и в определенной мере дает возможность понять взаимосвязь форм снабжения, существовавших в первой половине 30-х гг.[29].

Данные таблицы свидетельствуют о том, что, хотя покупательный фонд села несколько вырос в первой половине 30-х гг., он оставался мал (без оборотов рыночной торговли). Главная причина – низкая оплата сельскохозяйственных заготовок. При этом объемы сельского товарооборота были значительно выше доходов крестьянства от

---

28. Доля оборотов колхозной торговли во внутреннем товарообороте страны составляла в первой половине 30-х гг. 15–18%. См.: Соцстроительство СССР. М., 1936. С. 606.

29. Таблица "Примерный баланс денежных доходов и расходов населения за 1933–1936 гг." приведена в архивных материалах в сводном виде без деления на город и село. В ее первом разделе были даны статьи доходов всего населения, во втором – нетоварные расходы. В таком виде данные затушевывали различия между сельским и городским покупательским спросом. Поэтому ориентировочно мной было проведено разделение денежных доходов и расходов на городские и сельские. Так, доходы от получения заработной платы, премий и т.д. (п.1), исходя из содержания статей, отнесены к доходам городского населения. Сюда же отнесены нетоварные расходы, которые по своему набору более соответствовали условиям городской жизни (п.2). Поступления от гужевых перевозок (п.7) отнесены к доходам сельского населения. Разница между доходами и нетоварными расходами представляет примерный платежеспособный покупательский спрос населения. Остались нераспределенными статьи: получения из финсистемы, платежи в финсистему, прочие доходы (п.12–14). Как представляется, существа выявленной картины это не изменит. Кроме того, в таблицу для сравнения с покупательским спросом населения были включены данные об объемах розничного товарооборота и базарной торговли.

продажи государству сельскохозяйственной продукции. Из таблицы ясно видно, что недостающие средства крестьянство получало от рыночной торговли. С учетом оборотов рыночной торговли покупательский спрос сельского населения был несколько выше предложения товаров на селе. Избыток платежеспособного спроса удовлетворялся в определенной мере покупкой товаров в коммерческой торговле в городе либо оставался нереализованным.

В то же самое время относительно высокая оплата труда промышленных рабочих в городе создавала покупательский спрос, превышавший предложение товаров в государственной и кооперативной торговле (табл.7). Отсюда понятны относительно высокие темпы наращивания городского товарооборота, а также развития коммерческой торговли и Торгсина. Избыточный платежеспособный спрос городского населения удовлетворялся отчасти и рыночной колхозной торговлей, что также заставляло государство стимулировать ее развитие.

Таким образом, рыночные оазисы, существовавшие в первой половине 30-х гг. наряду с пайковым снабжением, были жизненно необходимы. Более того, они были неизбежным порождением и дополнением карточного иерархического распределения, которое в условиях товарного дефицита, перераспределяя ресурсы в пользу одних социальных слоев, обделяло другие. Коммерческая торговля, Торгсин, колхозный рынок предоставляли продукты, не распределяемые по карточкам; снабжали категории населения, которые плохо или вообще не обеспечивались пайками; гасили избыточный покупательский спрос; а также давали дополнительные финансовые средства для государства. Эти формы товарооборота покрывали изъяны карточной системы, приводили интересы различных слоев общества к определенному равновесию и обеспечивали дополнительные преимущества для государства. Не случайно подобные "дополнения" всегда сопровождают пайковую систему и дефицит, исчезая вместе с ними либо изменяя свои функции. Так, во второй половине 30-х гг. в СССР вместе с карточной системой были ликвидированы коммерческая торговля и Торгсин. Колхозный рынок сохранился и в предвоенные годы продолжал выполнять те же функции, что и в первой половине 30-х гг., так как и в условиях открытой торговли сохранялись и продовольственный дефицит, и избыточный покупательский спрос города, и необходимость в стимулах к сельскому труду.

**Примерный баланс денежных доходов и расходов населения
за 1933–1936 гг. (в млн. руб)***

Статья	1933 г.	1934 г.	1935 г.	1936 г.
Город				
1. Зарплата планируемая, премии, гонорары, командировочные, стипендии, пенсии, пособия	43685,0	51913,9	72860,0	92750,0
2. Доходы кооперированных кустарей	2375,7	2217,2	3109,0	3677,0
3. Нетоварные расходы (коммунальные услуги, культпросветрасходы, транспорт, гигиена и лечение, ремонт обуви и одежды и пр.)	5618,6	5913,1	6239,0	7198,0
4. Примерный покупательный фонд города**	40442,1	48218,0	69730,0	89229,0
5. Городской розничный товарооборот (без базарной торговли)***	35148,8	45689,6	58762,0	74618,2
Село				
6. Доходы колхозов от государственной и кооперативной торговли (плановые поставки, децзаготовки, сверхплановые закупки)	7084,3	7633,1	10619,4	13135,1
7. Доходы от гужевых перевозок	2630,0	2822,0	2040,0	2100,0
8. Производственные расходы колхозов	3000,0	3250,0	3500,0	3800,0
9. Примерный покупательный фонд села (без доходов от базарной торговли)**	6714,3	7205,1	9159,4	11435,1
10. Сельский розничный товарооборот (без базарной торговли)***	14640,4	16125,1	22950,1	32142,7
11. Обороты базарной колхозной торговли	11500,0	14000,0	14500,0	15600,0
12. Получения из финсистемы (по госзаймам, вкладам, страховые вознаграждения, кредиты)	1098,0	1669,5	2655,0	3425,0
13. Платежи в финсистему (культсбор, страхование, взносы в добровольные организации и пр.)	9547,5	10007,6	10297,0	10735,0
14. Прочие доходы	950,0	1112,0	1150,0	2150,0

*Составлено по: РГАЭ, ф. 7971, оп. 2, д. 86, 662а; Соцстроительство СССР. М., 1936. С. 606, 608.

** Покупательные фонды города и села представляют разницу между доходами и нетоварными расходами населения.

*** Данные товарооборота представляют стоимость товаров, реализованных во всех видах розничной торговли, включая общественное питание.

Глава Y
ПАРАДОКСЫ ВНЕШНЕЙ ТОРГОВЛИ

Несмотря на товарный дефицит и продовольственный кризис, СССР активно развивал внешнюю торговлю. Имея карточки и пайки, страна экспортировала продовольствие, в том числе и хлеб. Само выступление СССР на хлебном рынке поражало Запад, так как продовольственные трудности страны Советов были известны. Государственная монополия внешней торговли создавала условия, при которых был возможен вывоз любых товаров, несмотря на голод и огромный неудовлетворенный спрос внутри страны. Ясно, что развитие экспорта в условиях продовольственного кризиса и товарного дефицита было связано с сокращением внутреннего потребления и усугублением без того тяжелого положения. Поэтому рассказывая о развитии внутренней торговли и о жизни советских людей в условиях карточного снабжения, нельзя забывать и о внешней торговле.

Главной целью внешней торговли СССР (согласно официальной прессе и советской историографии) было получение валюты и закупка оборудования и сырья для обеспечения потребностей индустриализации. Однако знакомство с материалами по развитию внешней торговли СССР свидетельствует о том, что была и другая цель – дестабилизация мирового рынка, "экономический подрыв" своих конкурентов. Кто знает, может быть, с помощью этих мер в мирный период развития советские лидеры пытались приблизить и ускорить столь ожидаемую большевиками мировую революцию[1].

Кому-то это утверждение покажется абсурдным, но как иначе объяснить то, что, несмотря на существование невыгодной рыночной конъюнктуры и острого товарного дефицита внутри страны, сталинское руководство старалось сохранять высокие объемы экспорта, больше теряя на этом, чем приобретая. Как объяснить демпинг советских товаров, стремление продавать их по любой цене (даже себе в убыток), более того, сознательное резкое снижение экспортных цен по

---

1. Как не вспомнить в этой связи продажу исторических и художественных ценностей из музеев СССР, что оправдывалось не только необходимостью заработать валюту (доход был мизерным, ценности шли практически за бесценок), но и доктринальными доводами о том, что, дескать, после победы мировой революции все это будет бесплатно возвращено СССР, а пока нужно хоть что-то выгадать от продажи.

сравнению с мировыми ценами[2]. Имея возможность сэкономить на себестоимости товара за счет отсутствия расходов на рекламу, низких окладов, а затем и вовсе широкого использования бесплатного принудительного труда, СССР бросал вызов мировому экономическому сообществу, угрожал золотому стандарту. Правительства' ведущих государств были вынуждены установить эмбарго на ввоз советских товаров, чтобы защитить свой внутренний рынок. Любыми средствами, любой ценой, не считаясь с потерями, СССР стремился заявить о себе как о новом факторе конкуренции на внешнем рынке. Сталинское руководство пыталось перевести идею мировой революции на язык экономики и международной торговли.

Что и куда экспортировал, что и откуда импортировал СССР в эти голодные годы? Учитывала ли внешняя торговля сложную ситуацию, сложившуюся внутри страны? Насколько велик и оправдан был вывоз сельскохозяйственной продукции в то время, когда большая часть населения голодала? Была ли эффективной внешняя торговля СССР?

За период первой пятилетки (1928/29 – 1931/32 гг.) соотношение экспортного плана и реального экспорта по формальным характеристикам было относительно неплохим. Невыполнение плана по одним статьям покрывалось перевыполнением по другим, а в целом план "выполнялся". Посмотрим, за счет каких статей экспортного плана это осуществлялось. Недовыполнение плана (в количественном исчислении) наблюдалось по экспорту лесоматериалов, продуктам горной промышленности и животноводства. Но если в первых двух случаях оно было вызвано трудностями размещения экспорта, то в отношении животноводства – ограниченными внутренними ресурсами СССР. (Вот где еще сказались последствия насильственной коллективизации и массового истребления скота). Недовыполнение плана по этим статьям покрывалось за счет увеличения объемов (!) экспорта хлебов. При плановом экспорте зерна в размере 5 945,1 тыс. тонн фактический экспорт составил 9 363 тыс. тонн[3]. По экспорту продуктов земледелия пятилетний план был выполнен на 167,2%. (Несмотря на трудности хлебозаготовок в стране, нарастание продовольственного кризиса и введение карточного распределения)[4].

2. В 1930 г. СССР предлагал текстильные товары на английском рынке на 20% ниже существовавших мировых цен (РГАЭ, ф. 8043, оп. 11, д. 2б, л. 176).

3. РГАЭ, ф. 1562, оп. 329, д. 4, л. 10.

4. РГАЭ, ф. 1562, оп. 329, д. 4, л. 3–4.

Государство могло бы пустить эти хлебные ресурсы на внутренний рынок. Однако оно не только не пошло на улучшение продовольственной ситуации в стране за счет снижения экспорта сельскохозяйственных продуктов, но и, напротив, наращивало экспорт, обостряя товарный дефицит на внутреннем рынке. Система работала на саморазрушение. Особенно важно то, что продажа сельскохозяйственной подукции шла по низким ценам. При больших количественных объемах экспорта хлеба – зерна в первую пятилетку по фактической стоимости он составил всего 9,7% в общем объеме экспорта, в то время как экспорт нефтепродуктов – 15,7; лесоматериалов 15,3; пушнины – 8,9%[5]. О резком падении экспортных цен на зерно в период мирового экономического кризиса свидетельствуют данные табл. 8. Плохая рыночная конъюнктура на зерно делала нецелесообразным наращивание объемов экспорта этого товара. При таких ценах он был убыточным.

Таблица 8

Экспортные цены (в руб. за тонну)*

	1928 г.	1931 г.	1933 г.	1934 г.	1935 г.
Пшеница	80,52	30,85	27,46	28,01	28,97
Рожь	84,79	28,84	23,39	17,10	22,15
Мука пшеничная	187,54	173,75	124,80	109,06	36,99

*Составлено по: РГАЭ, ф. 1562, оп. 329, д. 80, л. 68а; д. 106, л. 118.

К 1932 г. нарастание негативных тенденций (падение мировых цен, рост себестоимости и цен внутри СССР и др.), а следовательно, и нерентабельности экспорта СССР проявилось со всей очевидностью. Это сказалось на объемах импорта. Они неуклонно снижались. Общие размеры импорта за первую пятилетку были на 20% ниже плановых. С 1928/29 г. по 1932/33 г. выполнение плана по импорту снизилось со 102,4 до 34,2% (по фактическим итогам)[6].

Главной причиной невыполнения импортного плана были ограниченные валютные средства, что во многом определялось неэффективным экспортом советских товаров. Для состояния

5. РГАЭ, ф. 1562, оп. 329, д. 4, л. 11.
6. РГАЭ, ф. 1562, оп. 329, д. 4, л. 17.

внутреннего рынка СССР было важно то, что снижение импорта шло за счет изменений в его структуре: показатели импорта машин, металлов, сырья для тяжелой индустрии были выше плановых, но резко снизился ввоз потребительских товаров, сырья для легкой промышленности, сельскохозяйственных продуктов. Таким образом, внешние источники поступления в СССР продовольствия и товаров ширпотреба сократились, что также обостряло товарный голод в стране.

"Великая депрессия" и падение спроса на мировом рынке, которые продлились до 1934 г., а также некомпетентность сталинского руководства вели к ухудшению показателей внешней торговли СССР в 1933 г.[7] По сравнению с 1932 г. экспорт составил 87,9%. Причем (и это показывает падение эффективности внешней торговли) только на 3,3% экспорт снизился за счет уменьшения физического объема, но в основном (на 10,5%) падение показателей экспорта шло из-за снижения мировых цен. Наращивая экспорт в условиях невыгодной рыночной конъюнктуры, государство нерентабельно использовало свои ресурсы, а в стране в это время царил голодный мор. Сталинское руководство порой снижало экспортные цены больше падения цен на мировом рынке. Невыполнение показателей экспортного плана объяснялось также срывами в работе промышленности и заготовителей, а также слабой деятельностью Наркомата внешней торговли по изучению рыночной конъюнктуры.

Структура экспорта в 1933 г. сохранилась. Основными его статьями были продукты горной промышленности (20,5% в общем объеме), лес (15,8%), продукты земледелия (18,8%). В 1933 г. на 20% снизился вывоз нефтепродуктов, что было компенсировано ростом экспорта руды и угля.

В 1933 голодном году произошло незначительное снижение экспорта сельхозпродуктов (с 37,8% в 1932 г. до 34,6% в общем объеме экспорта). Но происходило оно за счет уменьшения вывоза маслосемян, хлопка, фруктов, птицы, кожи, сахара, яиц. По хлебам снижение показателей экспорта шло главным образом из-за падения цен (табл.8). Так, вывоз зерновых в 1933 г. по сравнению с 1932 г. составил 97,5% по физическому объему (несмотря на голод в СССР, он был меньше всего на 2,5%), по стоимости же он равнялся 77,5% от уровня 1932 г. (был меньше на 22,5%). Вывоз пшеницы при этом возрос (и это в условиях снижения мировых цен и миллионов погибших от голода в

7. РГАЭ, ф. 1562, оп. 329, д. 14, л. 2–28.

СССР). Он составил по сравнению с 1932 г. 135,8 % (по количеству), 107% (по стоимости)[8].

Что же двигало Сталиным и его окружением, разрешившими вывозить хлеб на Запад по убыточной цене, в то время как их собственный народ умирал с голоду. (Да что там, ел друг друга!). Только ли непрофессионализм во внешней торговле? Думаю, что главным было отношение к людям как к безликой массе, сырью, средству для осуществления своих имперских амбиций.

Из-за трудностей реализации экспортного плана в 1933 г. не был выполнен и план по импорту. По сравнению с 1932 г. импорт в 1933 г. составил всего 49,8%. В структуре импорта преобладало оборудование (составляло в общем объеме импорта 55,8% в 1932 г., 47,1% в 1933 г.), а также сырье (соответственно 25,1 и 34,5 %). Импорт продуктов питания был незначителен. Он составил в 1933 г. всего 8% (в 1932 г. был равен 9,8%); импорт предметов личного потребления – 0,8% (в 1932 г. – 0,5%)[9].

Таким образом, внешняя торговля в первой половине 30-х гг. усугубляла товарный голод внутри СССР и несла убытки на мировом рынке. Валютная неэффективность советской внешней торговли заключалась в том, что в годы мирового экономического кризиса в экспорте СССР преобладали сырье и сельскохозяйственные товары, по которым было максимальное падение цен. Ввозилось же по преимуществу оборудование, по которому падение мировых цен было минимальным. Из-за неэффективности экспортной политики показатели необходимого импорта снижались.

В 1934 г. происходило дальнейшее снижение показателей экспорта. В его структуре все так же преобладало сырье: лес (21,7% в общем объеме экспорта), продукты горной промышленности (21,4%), продукты земледелия (17,1%). Однако удельный вес сельскохозяйственного экспорта в 1934 г. сократился главным образом за счет снижения вывоза хлеба. Он составил всего 4,3% в структуре экспорта продуктов земледелия. В 1933 г. из СССР было вывезено 1 679 829 т зерновых, в 1934 г. – 760 447 т, то есть 45% от уровня 1933 г. Объемы вывоза пшеницы, ржи, ячменя были снижены, возрос

8. РГАЭ, ф. 1562, оп. 329, д. 14, л. 47.
9. РГАЭ, ф. 1562, оп. 329, д. 14, л. 2–28, 47, 61.

вывоз овса и кукурузы[10]. Вывоз продуктов животноводства, рыбопродуктов также уменьшился. В условиях снижения вывоза ряда продуктов сельскохозяйственный экспорт в 1934 г. выполнялся за счет пушнины, льна, отходов животноводства. Одновременно с сокращением сельскохозяйственного экспорта несколько возрос вывоз промышленной продукции (на 5 % по сравнению с 1933 г.)[11]. Таким образом, подготовка к отмене карточной системы потребовала мобилизации внутренних ресурсов и сокращения экспорта ряда товаров. Были сокращены выделения на экспорт в общей продукции народного хозяйства. Ниже приведены данные, показывающие долю экспорта в заготовках и снижение ее к концу карточного снабжения (табл.9)

Импорт в 1934 г. сократился на треть по сравнению с 1933 г. В отличие от прошлых лет в нем несколько возросла доля металла-сырца. За счет снижения импорта уменьшилась и внешняя задолженность СССР[12].

Таблица 9

Удельный вес экспорта по отношению к продукции СССР (%%)*

	1931 г.	1932 г.	1933 г.	1934 г.
Рожь	19,4	5,6	2,5	1,6
Пшеница	27,7	7,7	12,8	2,4
Масло	37,9	45,4	31,2	28,1
Яйца	20,1	24,3	9,1	8,3
Сахар	21,5	9,2	3,8	4,1
Бензин	72,5	77,0	58,1	46,5

* Составлено по: РГАЭ, ф. 1562, оп. 329, д. 80, л. 36.

В 1935 г. объемы экспорта были еще более снижены: в СССР происходил переход от карточного снабжения к открытой торговле. Экспорт в 1935 г. составил 87,8% к уровню 1934 г. Главное место в нем по-прежнему занимало сырье, но по сравнению с предыдущим

10. РГАЭ, ф. 1562, оп. 329, д. 80, л. 35, 60. Хотя конъюнктура хлебного рынка улучшилась, использовать ее в 1934 г. не удалось, т.к. максимальный хлебный экспорт был осуществлен в первой половине 1934 г., в период низких мировых цен (РГАЭ, ф. 1562, оп. 329, д. 80, л. 47).

11. РГАЭ, ф. 1562, оп. 329, д. 80, л. 35.

12. РГАЭ, ф. 1562, оп. 329, д. 48, л. 17; д. 80, л. 33, 35.

годом возросли хлебопоставки в экспорте. В связи с невыполнением экспортных планов в 1935 г. вновь снизился импорт в СССР[13]. В структуре импорта в 1935 г. происходят изменения: резко уменьшаются закупки машин (со 109,2 млн. руб. в 1933 г. до 35,6 млн. руб. в 1935 г.) и оборудования (соответственно с 19,4 млн. руб. до 4,6 млн. руб.). При этом возрос ввоз сырья, особенно для легкой промышленности[14]. Таким образом, тяжелейший экономический и социальный кризис, необходимость увеличения внутренних ресурсов в условиях отмены карточного снабжения и острого товарного дефицита внутри страны потребовали подкорректировать приоритеты во внешней торговле.

В целом, оценивая развитие внешней торговли СССР в первой половине 30-х гг., следует сказать, что от года к году нарастала ее неэффективность. Вывоз столь необходимых внутренних ресурсов (особенно продовольствия и сельскохозяйственного сырья) усугублял кризис внутри страны, не принося необходимых средств для решения внутренних задач. Проблемы насыщения внутреннего рынка продовольствием и потребительскими товарами вставали перед сталинским руководством со всей остротой, что потребовало сокращения экспорта и корректировки индустриальной направленности импорта СССР. Данные таблицы 10 свидетельствуют о неуклонном снижении экспорта и импорта СССР в первой половине 30-х гг. Пользу внешней торговли для индустриализации в СССР еще предстоит оценить, тогда как негативные последствия внешнеэкономического курса первой половины 30-х гг. для внутреннего потребления очевидны.

Таблица 10

Динамика экспорта и импорта СССР за период 1932–1935 гг. (в %% к 1932 г.)*

	1932 г.	1933 г.	1934 г.	1935 г.
Экспорт	100	87,9	74,2	65,2
Импорт	100	49,8	33,3	34,5

*Составлено по: РГАЭ, ф. 1562, оп. 329, д. 106, л. 82.

13. РГАЭ, ф. 1562, оп. 329, д. 106, л. 82.
14. РГАЭ, ф. 1562, оп. 329, д. 106, л. 100.

Интересно сравнить структуру советского экспорта 30-х годов с экспортом царской России. Данные таблицы 11 характеризуют структуру экспорта по соотношению потребительских и производственных товаров за 1909 – 1935 гг. Цифры свидетельствуют о существенном снижении по сравнению с дореволюционной Россией экспорта потребительских товаров. В отличие от царской России, в экспорте которой преобладали товары потребительского назначения, в 30-е гг. СССР вывозил по преимуществу промышленное и сельскохозяйственное сырье (лес, нефтепродукты, прядильные материалы).

Таблица 11

Структура экспорта за 1909 – 1935 гг.
(в % % к общему объему экспорта)*

Годы	Товары потребительского назначения	В том числе	
		продовольствие	промтовары
1909–1913	62,8	58,2	4,6
1928 (X–XII)	43,5	26,2	17,3
1929	34,7	21,1	13,6
1930	44,2	31,2	13,0
1931	49,1	35,0	14,1
1932	40,0	21,7	18,3
1933	37,2	18,1	19,1
1934	32,6	15,5	17,1
1935	32,8	18,4	14,4
1936 (I–X)	24,3	11,7	15,5

* Составлено по: РГАЭ, ф. 1562, оп. 329, д. '06, л. 9, 110.

Экспорт потребительских товаров не только снизился количественно, но и существенно изменилась его структура. Главной статьей в экспорте России было продовольствие. Советская Россия потеряла статус поставщика продовольствия на мировом рынке. Объемы вывоза продовольствия резко упали по сравнению с дореволюционным временем и продолжали снижаться в первой половине 30-х гг. За годы советской власти возрос экспорт потребительских промышленных товаров. Объемы его колебались, но существенно не росли за период конца 20-х – первой половины 30-х гг. Советская Россия потеряла статус ведущей аграрной страны, не став экспортером промышленных товаров. На многие десятилетия (вплоть до сегодняшнего дня) была определена сырьевая направленность ее экспорта. Несколько слов о размещении советского экспорта и импорта по странам. Это важно не только для анализа внутренних процессов в СССР, но и для понимания внешнеполитических акций СССР в 30-е гг., накануне и в ходе войны.

Наиболее активные торговые отношения в 1932 и 1933 г. были у СССР с Англией и Германией. Далее шли Монголия, Италия, Франция, США, Польша. Англия занимала первое место в советском экспорте. В 1932 г. в Англию было вывезено 24,1% экспортных товаров, в 1933 г. – 17,6%. Доля Англии в импорте СССР составила соответственно 13,1% и 8,8% (здесь Англия занимала второе место). Доля Германии в экспорте была ниже (17,5 и 17,3%), но очень высока была доля поставок из Германии в СССР о общем объеме импорта 1932 и 1933 г. (46,5 и 42,5%). Львиная доля советских заказов была размещена в Германии (в 1932 г. – 51,7%)[15]. Германия была государством, с которым у СССР в это время был самый большой пассивный внешнеторговый баланс.

В 1933 г. наметилось, а в 1934 г. произошло резкое уменьшение ввоза в СССР товаров из Германии. Доля Германии в импорте резко упала с 42,5 (1933 г.) до 12,4% (1934 г.). Сократилась и доля размещенных в Германии заказов. В 1933 г. она составила 35,1%. (Но, несмотря на резкое снижение, Германия продолжала занимать здесь первое место). В 1934 г. доля заказов, размещенных в Германии в счет импорта, снизилась до 10,2%. (Германия опустилась на третье место после Англии и США). При этом в 1934 г. несколько увеличился советский экспорт в Германию. С 1934 г. СССР уже имел с Германией активный торговый баланс. В 1934 г. Германия занимала первое место в экспорте СССР, Англия – первое место в импорте. Более активно в 1934 г. развивались отношения с США, Францией, Голландией, но ухудшились торговые отношения с Польшей. В целом в 1934 г. заметно усиление позиций Англии и США во внешней торговле СССР (особенно в импорте)[16].

В 1935 г. экспорт СССР в Германию резко снизился (до 18% в общем объеме). Вновь главной страной ввоза советских товаров стала Англия (24,8%). Англия занимала в 1935 г. первое место и в импорте

15. РГАЭ, ф. 1562, оп. 329, д. 14, л. 61.
16. РГАЭ, ф. 1562, оп. 329, д. 80, л. 59, 84, 85.

СССР (18%). Доля Германии в импорте еще более снизилась до 9%. Германия продолжала занимать третье место после Англии и США. Активно развивались торговые отношения СССР с США, Францией и Голландией. Но по размещению импортных заказов Германия опять вышла на первое место (что предопределило ее последующее лидерство в импорте). Второе и третье места по размещению импортных заказов СССР занимали США и Англия[17].

В 1936 г. выявленные тенденции сохранились. Англия по прежнему занимала первое место в советском экспорте (29,3%), второе место было у США (10,2%). Германия продолжала сохранять третье место, но доля экспорта в Германию еще более снизилась (до 9,6%). Основным импортным рынком в 1936 г. вновь стала Германия (21,2%). Практически выравнились доли Англии (17,8%) и США (17%) в советском импорте. В размещении новых импортных заказов первое место заняла Англия (29,9%), второе – Германия (22,5%), третье США (16,4%) и четвертое Франция (3,8%)[18].

Таким образом, в первой половине 30-х гг. Англия была важнейшим рынком сбыта советских товаров (только в 1934 г. ее потеснила Германия). Второе место в экспорте занимала Германия. Резкое снижение советского экспорта в Германию в 1935–1936 гг. хотелось бы связать с победой Гитлера и национал-социалистов на выборах в 1933 г., но это не так. Падение советского экспорта в Германию вовсе не было связано с нежеланием торговать с нацистами, а вызывалось проводимым самой Германией режимом ограничения советского экспорта, а также отсутствием торгового соглашения Германии и СССР. Так как импорт из Германии был традиционно высоким, вопрос о структуре торговли с Германией занимал особое внимание советских лидеров. Неблагоприятное соотношение экспорта и импорта в торговых отношениях Германии и СССР потребовало сокращения импорта из Германии (с 46,5% в 1932 г. до 9% в 1935 г.). Однако в 1935–1936 гг. СССР вновь увеличил размещение импортных заказов в Германии и в 1936 г. ввоз товаров из Германии в СССР резко возрос. Германия возвратила позицию основного импортного рынка СССР. В 1936 г. восстанавливается пассивный торговый баланс СССР с Германией. Следует сказать, что Германия занимала исключительно важное место во внешней торговле СССР в первой половине 30-х гг.

---

17. РГАЭ, ф. 1562, оп. 329, д. 106, л. 101, 119.
18. РГАЭ, ф. 1562, оп. 329, д. 106, л. 11.

Происходило некоторое соперничество Германии и Англии на внешнем рынке СССР. Другим фактором во внешней торговле следует назвать все более и более активные отношения СССР с США, а также с Францией.

Анализ развития внешней торговли с конца 20-х – в первой половине 30-х гг. показывает, как нарастали неблагоприятные тенденции и росла неэффективность внешнеэкономической деятельности СССР. Главной причиной были не столько экономический кризис и депрессия на мировом рынке (1929 –1934 гг.), сколько нежелание и неумение сталинского руководства правильно учитывать его. Советские лидеры 30-х гг. подходили к оценке кризиса и разработке внешнеэкономического курса не с позиций экономической целесообразности и защиты интересов своего государства, а с доктринальных позиций.

Выбранный внешнеэкономический курс был одним из факторов, ухудшавших внутреннее положение в стране. Он обострял товарный дефицит и продовольственный кризис. Неэффективность советского экспорта вела, кроме того, к неуклонному снижению показателей импорта, необходимого для развития промышленности СССР.

Активные торговые отношения с Германией в 30-е гг. питали экономику этого государства, повышали экономическую и военную мощь главного врага СССР в предстоящей войне. Зависимость СССР от германского импорта (а это главным образом оборудование и полуфабрикаты) была высока, что во многом предопределяло внешнюю политику СССР. В то же самое время развитие отношений с Англией, рост торговли с США, Францией создавали предпосылки для сотрудничества и союзнических отношений в будущей войне.

ЗАКЛЮЧЕНИЕ
К РЫНКУ ИЛИ ИЛЛЮЗИИ РЫНКА?

Итак, изменение экономической политики в конце 20-х гг. имело тяжелейшие последствия для страны. Установление монополии государства во всех сферах жизни и осуществление форсированной индустриализации в условиях дефицита ресурсов стали источником кризисных явлений в экономике и обострения социальной напряженности. Следствиями изменения экономической политики были рост товарного дефицита и инфляции, упрочение системы нормированного распределения товаров. Практика бронирования и отоваривания получила чрезмерное расширение. Происходило раздувание нормированного снабжения, которое распространялось вначале только на остро дефицитные товары. Реализация нормированного распределения была связана с централизацией в торговле, становлением и разбуханием бюрократического аппарата, занимавшегося товарооборотом.

Основные товарные массы все более приобретали целевое назначение, сосредоточиваясь в руках центральных государственных органов, которые в соответствии с планами, утверждавшимися правительством, распределяли их. Удельный вес децентрализованных фондов в покрытии внутреннего товарооборота был низок. Он составил в 1932 г. 9,7%, в 1933 – 8,9%, в 1934 – 7,3%[1].

Хотя развитие централизованного планирования происходило и в 20-е гг., оно не было всеобъемлющим и директивным. Со временем обязательные планы завоза стали составляться не по отдельным районам, а охватили всю территорию СССР, получив детализацию по торговым системам, а затем и по конкретным контрагентам вплоть до отдельных предприятий. Увеличивался и круг распределяемых планом товаров. План приобрел силу закона.

Централизованное распределение товаров основывалось на детальной росписи целевых назначений. Выделились особые группы товаров: планируемые и регулируемые. Их перечень со временем стал практически соответствовать номенклатуре товарооборота. В своем развитии планирование охватывало все более широкий круг показателей товарооборота.

---

1. См.: Нейман Г. Я. Внутренняя торговля СССР. М., 1935. С. 236.

Процессы централизации шли также и в ценообразовании, в развитии заготовительного аппарата, управлении торговлей. Они имели те же причины, что и централизация в управлении промышленностью, средствами массовой информации, культурой. В условиях перераспределения средств в пользу тяжелой индустрии в ущерб интересам других отраслей народного хозяйства необходимо было уменьшить число очагов сопротивления и облегчить командование различными сферами народного хозяйства.

Для реализации централизованного планирования и распределения товаров был создан громоздкий бюрократический аппарат, который требовал значительных средств для своего содержания. Всесоюзная перепись торговых кадров, проводимая ЦУНХУ в 1932г., показала разбухание управленческих звеньев в торговом аппарате. Работники аппарата потребкооперации, управлений объединений госторговли составили почти половину всех работников, занятых в советской торговле. Их было ненамного меньше, чем оперативных работников, имевших дело с товарной массой[2].

Разветвленным и громоздким был центральный аппарат управления нормированным распределением[3]. В 1932 г. в структуре Наркомата снабжения существовало около десятка главных управлений: хлебофуражное, мясо-молочное, госторговли, нарпита, рыбной промышленности и рыбного хозяйства и пр., а также два десятка секторов: планово-экономический, финансовый, кадров, техпропаганды, проверки исполнения (!), иностранный, научно-исследовательский и др. При Наркомснабе существовала сеть специальных государственных заготовительных объединений. Наркомснаб имел около трех десятков научно-исследовательских институтов (НИИ спиртовой, консервной, молочной промышленности, зерна и пр.).

2. Советская торговля. 1933. N 5. С. 65–67.

3. РГАЭ, ф. 8043, оп. 1, д. 19, л. 7; д. 15, л. 186; д. 18, л. 64. Интересно посмотреть, каков был социально-партийный состав Наркомснаба. На 1 декабря 1932 г. основным его контингентом были служащие (78%). Выходцы из рабочих составляли 17%, из крестьян – 5%. Большинство сотрудников имело высшее (39%) и среднее (39%) образование. Подавляющее большинство были беспартийные (65%). Члены ВКП (б) составляли 31%, члены ВЛКСМ – 4%. Видно, что основной костяк наркомата составили "старые" кадры. С социально-классовой точки зрения он был недостаточно чистым. В результате чисток, которые шли в Наркомснабе, а затем в Наркомторге в 30-е годы, социально-партийный состав был существенно изменен.

Система нормированного целевого распределения товаров вела к замораживанию товарооборота, его бюрократизации[4], подрывала значение рубля. Так, для того чтобы распределить фонды по 12 планируемым товарам, нужно было пройти через 20 инстанций. Содержание аппарата распределения требовало значительных средств. Да и сама карточная система была недешевой. По подсчетам экономистов 30-х годов, система нормированного карточного распределения требовала порядка 40 тыс. человек и более 300 млн. руб. ежегодно[5].

Жесткая централизация распределения, обобществление товарных фондов, гипертрофированное планирование товарооборота, бюрократизация и примат административных рычагов управления, падение значения рубля были не единственными отрицательными следствиями изменения экономического курса, установления государственной монополии и утверждения планово-бюрократической системы в торговле. Политика, проводимая в конце 20-х – начале 30-х гг., вела к падению уровня жизни населения. Ухудшилось положение всех слоев общества. Сталинское руководство провалило снабжение населения и несет ответственность за полуголодное существование

4. Борьба с бюрократизмом принимала порой причудливые формы. Так, в аппарате Наркомснаба в 1931 г. было организовано "социалистическое совместительство рабочих шефов с завода Ильича". Суть его состояла в том, что рабочие назначались заместителями начальников управлений и секторов. Рабочие заместители должны были подбираться из бригадиров или рядовых рабочих, в первую очередь ударников. Их задачей было сигнализировать об искажении законов, вредительстве, бюрократизме. (Это в условиях 30-х годов легко превращалось в одну из форм доносительства). Соцзаместители должны были принимать участие в составлении планов работ управления или сектора, проверке их выполнения, изучать аппаратную работу. Они выступали связующим звеном между заводской общественностью и аппаратом Наркомснаба. В этом видели гарантию против обюрокрачивания аппарата и отрыва его от масс. Выполнять свою работу в аппарате наркомата они должны были два раза в неделю в вечернее время (с 18 до 21 часов) после своей работы на заводе. На это вечернее время оставались также исполнители управлений. Работа осуществлялась на общественных началах (бесплатно). Предусматривались только премии в случае хорошей работы. Раз в два месяца рабочие заместители отчитывались о своей работе на заводе и на коллегии Наркомснаба. По сути, это, может быть, и было борьбой с проявлениями бюрократизма, но не с причинами, порождавшими его. В реальной жизни это скорее превращалось в повинность, которую должны были нести лучшие рабочие и передовики производства (РГАЭ, ф. 8043, оп. 1, д. 102, л. 27).

5. См.: Советская торговля. 1934. N 7–8. С. 19. Только для подсчета и гашения талонов создавались специальные бюро. После того, как талоны пересчитывались продавцами, они сдавались в бюро, где специальные люди-счетчики производили повторный счет. Количество счетчиков в одном из таких бюро составляло 95 чел. (Советская торговля. 1933. N 1. С. 136).

рабочих, интеллигенции, за голод среди крестьянства. "Сталинское изобилие" 30-х годов является одним из мифов современного массового сознания. Кроме того, "кастовость" в снабжении, неравенство в снабжении рабочих и крестьян, привилегированное положение "авангарда" рабочих, особое положение аппарата были источниками социальной напряженности и недовольства в обществе.

Одним из основных лозунгов Октябрьской революции было провозглашение человека труда высшей ценностью. Советская историография по проблемам социальной политики первого социалистического государства доказывала, что главной целью этой политики было повышение благосостояния трудящихся, при этом особенно подчеркивались привилегии рабочего класса. В последнее время появились работы, подвергающие сомнению эти тезисы советской историографии. В них проводится различие между тем, что было даровано рабочим, но осталось на бумаге, и реальным положением рабочего класса[6].

Особые привилегии рабочих в годыкарточного снабжения 1928/29–1935 гг. − это один из расхожих мифов. Знакомство с архивными материалами Наркомснаба свидетельствует о том, что рабочее снабжение было провалено. Государство шло по пути все большей дифференциации рабочего снабжения и постоянного снижения его норм. Вначале правительство пыталось обеспечить снабжение рабочего авангарда за счет снижения норм рабочих второстепенных производств и остального населения, но в конечном итоге было вынуждено снижать и нормы промышленных рабочих. Анализ продовольственной политики первой половины 30-х гг. ставит под сомнение определение природы Советского государства как государства диктатуры пролетариата, заставляет пересмотреть оценку его социальной политики. Анализ снабжения свидетельствует о том, что это было партийно-бюрократическое государство, где власть и привилегии находились в руках партийно-государственной и военной элиты.

Изменение экономического курса в конце 20-х гг. имело и политические последствия: нарушения законности, укрепление культа личности Сталина, политическое бесправие народа и цементирование позиций бюрократии, разгул массовых репрессий.

---

6. Для примера назовем книгу Киселева А. Ф. Профсоюзы и советское государство. (Дискуссии 1917–1920 гг.). М., 1991.

Господство планово-бюрократической экономики, частью которой было централизованное нормированное распределение, вело также к деформациям в психологии и поведении людей. В общегосударственном масштабе привилегии имели не те рабочие, которые работали хорошо (независимо от рода предприятия, где они работали), а изначально рабочие наиболее важных индустриальных объектов. Сама принадлежность к этому объекту давала привилегии, хотя конкретный рабочий металлургического предприятия мог работать хуже, чем работник текстильной фабрики (для карточного снабжения это было неважно). Хороший труд не был источником обеспеченной жизни. Кроме того, существовало фактическое выравнивание заработка существующим карточным снабжением. Материальные стимулы к труду не работали. Это не только вело к более активному использованию административных методов управления и применению репрессий, но и было источником инертности массы, незаинтересованности в результатах труда, пассивности на производстве. Причем если мы говорим о снижении стимулов к труду среди рабочих, занимавших в обществе не самое худшее положение, то что в таком случае говорить о крестьянстве, которое работало практически даром, не имея ни материального , ни социального обеспечения.

В 30-е гг. были предприняты попытки "раскачать, возбудить массу" (стахановское движение, ударничество, попытки связать снабжение с выполнением производственных заданий и пр.). Однако вплоть до настоящего времени инертность массы не преодолена. Незаинтересованность в труде и в его результатах – одна из наиболее тяжелых деформаций в поведении и сознании советских людей.

Политика заработной платы, распределенчество, уравнительность в снабжении вели к социальной нивелировке. Посетив СССР в 1936 г., Андре Жид писал : "Все друг на друга похожи. Нигде результаты социального нивелирования не заметны до такой степени, как на московских улицах, – словно в бесклассовом обществе у всех одинаковые нужды". Далее он пишет: "Когда у соседа не больше, человек доволен тем, что он имеет"[7].

К чему вело социальное нивелирование? В первую очередь к ослаблению желания улучшить свое материальное положение и осознанию бесполезности попыток сделать это . (Государство все равно

---

7. Андре Жид. Возвращение из СССР//Два взгляда из-за рубежа. М., 1990. С.72

уравняет). Теряются стимулы и смысл напрягаться в работе, гасится энтузиазм людей. Формируется отношение к достатку и богатству как социальному злу. Люди, стремящиеся "разбогатеть", вызывают злобу, порицание и тщательно скрываемую зависть. Всячески поддерживается порядок "всеобщего равенства в бедности". За счет перераспределения доходов государство гарантирует необходимый минимум, но "богатеть" не дает. Это порождает социальное иждивенчество, инертность, упование на патернализм государства – формируется психология нищих. В конечном итоге социальное нивелирование, перераспределение доходов, уничтожение стимулов к труду приводят к тому, что производство эффективно не развивается, общество "впадает в застой" и начинает "проедать" свои богатства.

Корни патерналистской роли государства уходят далеко, в дооктябрьские времена, но в советское время этот патернализм не только был сохранен, но и приобрел новые черты (например, патернализм по отношению к заключенным, а также к "авангарду" пролетариата). Существование монополии государства во всех сферах жизни, осознание зависимости от его политики вырабатывали то ощущение "винтика", незначимости человека, следствием которого была все та же пассивность. Люди ждут, что именно государство решит их проблемы. Осознание особой отеческой роли государства воспитывается в них с рождения. Большинство не готово и не умеет (так как в течение долгого времени их отучали это делать) решать свои проблемы сами.

А если государство отказывается от своей патерналистской миссии, которая и сулит-то всего равенство в бедности, начинается общественная истерия. Это в полной мере доказали наши дни. Распад системы, освобождение экономики от поддерживающих искусственных подпорок привели к нарастанию негативных процессов (дефицит, инфляция, быстрое расслоение общества, деклассирование и пр.). Человек оказался перед необходимостью думать о завтрашнем дне, что требует активности в добывании средств, борьбы за выживание (но в то же самое время это и импульс для развития общества). Немногие оказались готовы к этому. Большинство затосковало о прошлых временах "социального равенства", гарантированности уровня жизни, социальной беззаботности и иждивенчества.

Нечто похожее наблюдалось и в 30-е годы. Карточная система едва гарантировала прожиточный минимум для рабочих. Но в карточках виделась некая надежность: раз есть бумажка, то государство обеспечит. Поэтому когда на некоторых предприятиях рабочим было предложено сдать карточки и просто питаться с семьей в общественной столовой, потребовалась разъяснительная работа. Рабочий до того привык к своей карточке, что никак не мог с ней расстаться, хотя талоны, особенно у одиночек, часто не использовались[8].

Существование монополии государства в производстве, снабжении, отсутствие у него конкурентов на внутреннем рынке приводили к тому, что насаждался принудительный ассортимент товаров плохого качества и по высоким ценам. "Если государство – одновременно производитель, покупатель и продавец, – качество зависит от уровня культуры"[9] Описывая состояние московских (!) магазинов в 1936 г., Андре Жид писал: "Трудно представить что-нибудь более глупо-буржуазное , более мещанское, чем нынешняя продукция. Витрины московских магазинов повергают в отчаяние." "Впрочем, – замечал он, – люди в СССР, похоже, склонны покупать все, что им предложат, даже то, что у нас на Западе показалось бы безобразным"[10].

"А как же не покупать! Другого ведь нет, а жить надо. Хорошо хоть, что это досталось" – таков образец советского отношения к торговле. Нетребовательность, плохой вкус, низкая культура, потеря многих достижений народного ремесла и искусства – все это следствие существования государственной монополии, дефицита, нормирования. Товарный дефицит вел к формированию таких аномалий в поведении людей, как взятки, блат, очереди, падение уровня обслуживания, складывание диктата продавца, снижение требовательности людей и все те же смирение и привычка. Но усредненность и единообразие насаждались не только в одежде, но и в умах, во вкусах. Тотальная обезличка, отсутствие ценности отдельного человека, личности. Нет личных интересов, личных трагедий. Есть толпа, в лучшем случае – масса.

Но вернемся к карточной системе. В середине 30-х г. она была ликвидирована. В стране начался переход к открытой ненормированной торговле. Это было связано с некоторой стабилизацией в промышленности, наступившей после частичных реформ; восстановлением сельского хозяйства (рост валового сбора зерна,

---

8. См.: Салов А. Организация рабочего снабжения. М., 1933. С. 42.
9. Два взгляда из-за рубежа. С. 74.
10. Там же. С. 74–75.

поголовья, оплаты труда); сокращением советского экспорта. Но главным было то, что существование карточек представляло тормоз для дальнейшего социально-экономического развития общества. Таким образом, их отмена была определенным признанием действия объективных экономических законов развития.

В течение 1935–1936 гг. были в основном ликвидированы карточная система снабжения товарами, закрытые формы торговли, проведена унификация цен. Вводимые единые цены находились на среднем уровне по сравнению с высокими коммерческими ценами и низкими карточными ценами. Упразднение Торгсина завершило ликвидацию множественности цен в торговле. Была также отменена система бронирования фондов для отоваривания заготовок сельскохозяйственной продукции.

В середине 30-х гг. была поставлена задача перехода от нормированного централизованного распределения к открытой торговле. Но ее выполнение не связывалось со снижением роли планирования в товарообороте страны, а только с изменением его форм. Предполагалось развитие децентрализованных форм планирования и торговли через развертывание областного, внутрирайонного оборота, расширение прав и возможностей торгующих организаций, развитие колхозной торговли, а также внедрение хозрасчетных отношений, финансового контроля между звеньями торгового аппарата, а также между торговлей и потребителем, и пр. Экономисты 30-х гг. видели перспективу развития внутренней торговли СССР следующим образом: "В планировании товарооборота в новых условиях резко повышается роль экономических показателей, изучения потребительского спроса и емкости рынка, изучения особенностей отдельных районов и отдельных торгующих организаций. Планирование товарооборота в большей мере будет базироваться на договорной системе, на хозрасчетных отношениях между торговыми и промышленными организациями. Резко повышается значение методов экономического регулирования"[11].

Но удалось ли реализовать задуманное? Удалось ли развернуть торговлю, располагающую широким и достаточным ассортиментом, преодолеть жесткую централизацию и бюрократизацию товарооборота, оптимизировать громоздкий аппарат торговли, внедрить хозрасчет, ликвидировать неравенство снабжения городского и сельского населения?

---

11. См.: Нейман Г. Я. Внутренняя торговля СССР. М., 1935. С. 323.

Анализ материалов свидетельствует о существовании товарного дефицита и во второй половине 30-х гг. Предложение товаров в государственной и кооперативной торговле полностью поглощалось спросом. При этом платежеспособный спрос населения удовлетворялся частично. Особенно возросло напряжение в удовлетворении спроса в предвоенные годы. В то время как покупательные фонды населения в 1939 г. достигли размеров, предусмотренных на 1942 г., физический объем розничного товарооборота составил 90% плановых показателей на этот год. Вследствие этого были вновь введены нормы отпуска дефицитных товаров, снижены рыночные фонды, направляемые в деревню[12]. В условиях высокого товарного дефицита товарооборот представлял, по сути дела, принудительный ассортимент.

Дефицит "питал" централизацию, распределенчество и нормирование в торговле, всю планово-бюрократическую систему, которая разбухала как на дрожжах. В предвоенные годы доля централизованных фондов в структуре внутреннего товарооборота составила 73–75%[13]. К концу 30-х гг. количество планируемых товаров резко возросло до 30 промышленных и 20 продовольственных. Многие регулируемые товары перешли в разряд планируемых. Правительство утверждало годовые и квартальные планы их использования, а по муке и крупе даже месячные планы реализации. Сохранилась и возросла с 12 до 29 наименований и группа регулируемых товаров[14].

Жесткая централизация товарооборота не была преодолена. Это нашло отражение и в изменении структуры доходов колхозов. В то время как доля доходов колхозов от государственных централизованных заготовок выросла (с 52% в 1933 г. до 60% в 1937 г.), доля доходов от децзаготовок упала (с 41 до 23%). Снизилась и доля оборотов колхозной торговли во внутреннем товарообороте страны. Она составила во второй половине 30-х гг. 12–15%[15].

В соответствии с новыми формами товарооборота была перестроена система государственных органов, управлявших торговлей. В 1934 г. вместо Наркомснаба было создано два самостоятельных наркомата: пищевой промышленности и внутренней торговли. Наркомвнуторг занимался планированием оптового и розничного товарооборота,

12. См.: История социалистической экономики. М., 1978. Т. 5. (1938–1945). С. 143.
13. РГАЭ, ф. 7971, оп. 2, д. 76.
14. РГАЭ, ф. 7971, оп. 2, д. 701.
15. РГАЭ, ф. 7971, оп. 2, д. 86, 662а.

развитием торговой сети, общественного питания, обеспечивал контроль за разработкой розничных цен, развитием колхозной торговли и пр. В 1934 г. была сформирована система центральных и местных органов, подчиненных НКВТ: в союзных и автономных республиках – наркоматы внутренней торговли; в городах, районах, областях – соответствующие отделы внутренней торговли.

Аппарат торговли продолжал оставаться громоздким и дорогостоящим. В момент восстановления в 1934 г. в составе Наркомата внутренней торговли существовало на правах управлений 6 отделов для общего руководства товарооборотом страны, 2 главных управления для планирования и организации промтоварного и продовольственного снабжения, 6 главных управлений для непосредственного руководства торговыми предприятиями, а также главное управление по подготовке кадров[16].

По архивным материалам НКВТ прослеживается дальнейшая бюрократизация центрального и местного аппарата торговли. Велась работа по унификации форм делопроизводственной документации. В этих целях работали специальные комиссии, разрабатывающие бланки заявок, планов, отчетов, а также инструкции для их заполнения. Введение этой документации в делопроизводство прослеживается по архивным материалам. Так, в материалах за 1939 г. упоминается 11 форм плановой отчетности.

В условиях жесткой централизации и администрирования хозрасчетные отношения не приживались. По данным торговой переписи 1935 г. и выборочного обследования, проведенного Научно-исследовательским институтом советской торговли, хозрасчет в торговле не развивался[17]. Лишь незначительное число магазинов воспользовалось правом самостоятельно закупать товар, заключать договоры с поставщиком, а также правом непосредственного кредитования в банке. Подавляющее число магазинов получало товар по разнарядкам, зачастую в принудительном порядке. Старой осталась и система банковского кредитования. Не учитывая рентабельности торговых предприятий, она представляла единообразное кредитование по среднеплановому сроку.

16. См.: Советская торговля. 1934. N 5. С. 12–13.
17. См.: Советская торговля в новой обстановке. Итоги 1935 г. и задачи 1936 г. М–Л., 1936. С. 62.

Во второй половине 30-х гг. сохранялось неэквивалентное положение города и села во внутреннем товарообороте. Заработная плата в 1937 г. по сравнению с 1933 г. возросла на 46 млрд. руб., в то время как доходы колхозников от государственной и кооперативной торговли всего на 8 млрд.[18]. Городской товарооборот по своим объемам значительно превосходил сельский[19]. При этом численность сельского населения более чем в 2 раза превышала численность городского. Существовало различие городского и сельского ассортиментов. На селе в меньшей степени был удовлетворен спрос на предметы домашнего обихода, мебель, культтовары, современную обувь, одежду, ткани. По-прежнему главным источником самообеспечения крестьянства была колхозная рыночная торговля.

Таким образом, в противовес перспективе, которую видели и пропагандировали экономисты, планово-бюрократический механизм внутренней торговли, основанный на жесткой централизции и распределенчестве, упрочился во второй половине 30-х гг. Хотя формы товарооборота изменялись в 30-е гг. (карточное снабжение, открытая торговля), сущность его оставалась неизменной: сосредоточение основных товарных масс в распоряжении центральных государственных органов, которые осуществляли планирование и распределение товарных потоков по мелким дробным назначениям. Жесткая централизация товарооборота не только не была ослаблена с переходом к открытой торговле, но и упрочилась в предвоенные годы.

Утвердившийся тип хозяйственных отношений не только не позволил преодолеть дефицитный характер экономики, но и неизбежно воспроизводил его. Образовался заколдованный круг: дефицит товаров и ресурсов "питал" планирование, жесткую централизацию товарооборота и нормированное распределение, а планово-бюрократический механизм управления народным хозяйством, частью которого является торговый аппарат, не позволял преодолеть дефицитный характер экономики, напротив, вновь и вновь воспроизводил дефицит. Из этого порочного круга мы так и не вырвались до сих пор. Существование открытой торговли в сталинские 30-е гг., да и в наше время, не означает существования рыночных отношений. Это всего лишь иллюзия рынка.

---

18. РГАЭ, ф. 7971, оп. 2, д. 86.

19. РГАЭ, ф. 7971, оп. 2, д. 76а. Городской товарооборот (стоимость товаров в государственной, кооперативной торговле и общепите) составил в 1937 г. 86 650, 7; в 1938 г. − 98 185,2; в 1939 г. − 114 326,8 млн. руб. В то же самое время сельский товарооборот соответственно был равен 39 292,5; 41 835 и 51 500,3 млн. руб.

ОГЛАВЛЕНИЕ